超一流

できる大人の語彙力

安田 正

プレジデント社

はじめに

〝損する言葉〟と〝得する言葉〟言葉づかいの選択で残念な人生を送っていませんか？

こんにちは、安田 正です！

『超一流 できる大人の語彙力』を手に取っていただき、ありがとうございます。

この本は、普段、あなたが使っている言葉が〝損する言葉〟であるか〝得する言葉〟であるか、ひと目で判断できる！ そのような内容になっています。

実は日本語の語彙には、あなたの人生にとって〝損をもたらす言葉〟と〝得をもたらす言葉〟、2種類があります。

いずれも、あなたの考えや気持ちを「同じように」を伝えているのに、それぞれ相手に与える印象がまるで違った結果となる……少し大げさに言うと「人生を左右する」、そのような違いがあります。

例えば、この本の中に登場する〝損する言葉〟を使うと、

- **あいまいで意図が伝わらない**
- **正確さに欠ける**
- **ぶしつけで気遣いが感じられない**
- **軽薄、幼稚な感じ**
- **ちょっと頭が悪そう**

このような印象を与えてしまいます。

このような言葉を選ぶことで、あなたの印象が悪くなってしまう、まさに〝損する言葉・フレーズ〟です。

一方、〝得する言葉〟を使うと、

- **きめ細やかに、ピンポイントで、言いたいことが伝わる**
- **相手への配慮や気遣いが感じられる**
- **相手との関係性をよくしようとする意思が伝わる**
- **教養ある知性、成熟した人間性が感じられる**
- **信頼感がアップする**

というように、コミュニケーションがスムーズになり、仕事もはかどる。そして人生においても大いに得をすることになります。

ですから、あなたにはぜひ、〝損する言葉〟は使わずに、〝得する言葉〟を少しずつ覚えて使っていただきたいのです。

私がなぜ、ここまで「語彙」にこだわるのかというと、若い頃に〝損する言葉づかい〟で苦い思いをした経験があるからです。

「同じことを伝えているだけなのに……」なぜ、受け入れてもらえない？

今から30年ほど前のことです。

20代から30代の前半にかけて、私は英語学校でサラリーマンとして勤めていた頃、英語レッスンや留学を斡旋する仕事をしていました。

大学生時代にイギリスに留学した私は、その時の経験から、

「留学を有意義なものにするには、留学前の準備がとても大事。英語をきちんと勉強し、話せるようになってから留学しないと意味がない」

と考えていました。

これは今でも真実であると思います。

英語を全く話すことができず、「外国へ行けば、英語が話せるようになる」という気持ちで留学すると、生活や授業は全て英語ということもあり、身の回りのことが理解できないことばかりに

なってしまう。

そして、結局辛くなって日本人同士で話をして、英語が身につかず帰国するケースを見てきたからです。


ですから、留学相談を受けた際には、ハッキリと「留学前の準備が本当に大切です！」とお伝えしていました。


しかし……。

その伝え方がマズかったのです。

〝損をする言葉〟を連発していました。


「英語が話せないまま、留学しても意味はありませんよ」

「留学の成果が得られずに、帰国したらどうするのですか？」

「今のままでは、お金が無駄になりますよ」

「留学は、そんなに甘くないですよ」

当時の伝え方を今、振り返ってみると、お客様に対して「こうした方がいいですよ」という思いが空回りして、詰問しているような言葉づかいで接していたことが、自分でもよくわかります。

まさに、否定的な言い方のオンパレード、です。

当時は、お客様のことを真剣に考えて、私の信念を伝えていたつもりですが、お客様からは受け入れていただけませんでした。

このような言葉づかいでしたので、お客様から「生意気だ」と言われてしまったり、今になって昔を知る人から「安田さん、あの頃ずいぶん怖いイメージだった」と言われたりします。

〝得する語彙〟を使うことであなたの人生が変わる！

当時の苦い経験もあって、私は30代半ばから、意識して〝得する言葉〟を使っていこう、と誓いました。

言葉を学んで少しずつ〝得する語彙〟を増やし、細心の注意を払って言葉を選びながら、私の考えや気持ちを伝えるようにしていったのです。

幸いなことに、私は営業職やコミュニケーションを専門としたセミナー講師、会社経営と、まさに「言葉」と仕事が結びつく環境にいたこともあり、徹底して現場でトレーニングしながら語彙を身につけていくことできました。

手前味噌で
恐縮ですが
そうか、そのような
わかりやすい表現が
あるのか
超一流
（相手の心に届く
言葉を使っている）

このように、私が語彙を学んできた中で、

- **相手に合うような言葉を選んで伝えることで、お客様にすぐに理解していただいた**
- **伝え方を工夫することで、「その商品をぜひ弊社にください！」と購入していただいた**
- **メモ帳に、気になった言葉を書き出したことを伝えてみたところ、「いろいろよくご存知ですね」と感心していただいた**
- **会話の中でぴったり合ったフレーズを思いつき、場の雰囲気がなごやかになった**

といったことを実感できるようになりました。

〝得する言葉〟を増やして語彙力をアップさせることで、お客様に喜んでいただく機会が増えて、仕事の成果も得られ、人生が開けていったのです！

「文は人なり」とは、文章はその人の人となりを表している、という意味ですが「語彙は人なり」もまた真実ではないでしょうか。

周りの人は、まずはあなたの発する「言葉」そして、持っている「語彙」から、あなたのことを好きか嫌いか判断し、評価します。

この本を読んで、普段、何気なく使っている言葉が、〝損する語彙〟なのか、〝得する語彙〟なのか、振り返っていただくきっかけになれば幸いです。

そして、〝得する語彙〟を少しずつ覚えて使うことで、よりよい人間関係を築いて、ぜひ人生を豊かにしていただくことを心より願っております。

2020年5月

安田 正

超一流　できる大人の語彙力　◎　目次

第1章 ワンフレーズで好印象！きちんとした「大人の言葉づかい」

第2章

考えていることがストレートに伝わる「便利な言葉」

第3章

マナーを守って相手との距離が近くなる大人の「挨拶」「敬語」

第4章

こう言えば角が立たない「頼み方」「断り方」

第5章

誠意がしっかり伝わる「お詫びの言葉」「感謝の言葉」

第6章

よりよい人間関係を築くための「気遣いの言葉」

第7章 打ち合わせや会議で使うと「仕事がはかどる言葉」

第8章 これだけは覚えておきたい「ことわざ」「故事成語」

第 1 章

ワンフレーズで好印象！
きちんとした
「大人の言葉づかい」

1

あながち

（後に打ち消す言葉が続いて）
100％本当だとは
決められない。
必ずしも〜〜でない

✕
その言葉づかいでは〝損〟をします！

100パー（％）、あの人だけが悪いとは言えない。

○
このように言い換えた方が〝得〟です！

あながち、あの人だけが悪いとは言えない。

○と×は何が違うの？

話を聞く人への思いやりがあるかないか

解説　パーセント（％）のことを「パー」と省略するのは、特定の業界や業種の中で使われる表現なのかもしれません。ただ、初対面の人や、面識がない相手に、この伝え方をしたら、どのような印象を与えるでしょうか。「100％……ない」と否定して省略する表現ではなく、○の例のほうが、丁寧さが伝わります。**また、「一概に」「まんざら」という言葉も同じような場面で使うことができます。**

2 うまく言《い》い表《あらわ》せませんが

どちらかはっきりとは言えない状態。ネガティブな意見を伝えにくい場合に使う

× その言葉づかいでは〝損〟をします！

微妙ですね。提案は使われないでしょうか……。

○ このように言い換えた方が〝得〟です！

うまく言い表せませんが、提案は採用されないでしょう。

○と×は何が違うの？

伝えにくい話でも自分の意見を伝える気持ちがあるかないか

解説 ×の「微妙ですね」。このひと言自体は、実は何の内容も伝えていません。この言葉には、白黒をはっきりさせることを避ける気持ちや、自分の責任を回避したい時に、明言を避ける気持ちが表れています。それに対し、○の例「うまく言い表せませんが」を使うと、「明言はできない」という気持ちは表しつつも、その後で自分の意見を明確に伝えられます。

3

極端《きょくたん》な

普通から大きく外れていること。一方にかたよっていることや、その様子

✕ その言葉づかいでは〝損〟をします！

あの人のやり方はエグい。

〇 このように言い換えた方が〝得〟です！

あの人のやり方は極端だ。

＼○と×は何が違うの？／

丁寧に伝えようとする姿勢があるかどうか

解説　「エグい」は、若い人を中心に使われることの多い、一種の流行語で、「きつい」「厳しい」など、さまざまな意味を持っていると考えられます。マイナスなイメージだけではなく、そこから使い方が広がって、普通でない状態に使われることもあるようです。このような場面では**「極端な」という言葉に置き換えることをお勧めします。**「度が過ぎている」意味が伝わり、丁寧な印象が生まれます。

4

予《よ》想《そう》外《がい》のことで

思いもよらない、予想できなかったこと。「本当に」「正真正銘の」などの意味を表す

✕ その言葉づかいでは〝損〟をします！

マジっすか。ビックリです。

〇 このように言い換えた方が〝得〟です！

予想外のことで驚きました。

○と×は何が違うの？

自分の経験値や考えも伝えられるかどうか

解説 「マジ」については諸説ありますが、1980年代以降、「マジで」「マジに」という副詞として使われ広まりました。○の表現は「えっ！　本当にそんなことが」と、想像もしていなかったことが起こった時にお勧めです。驚きとともに、起きている事実が想定外ということで、自分の経験値や考えも伝えることができます。**「想定外で」「考えていた以上に」という表現もよいでしょう。**

5

ただ事《ごと》ではない

いつもとは違う、普通ではない状態。大変なことになった

× その言葉づかいでは〝損〟をします！

それってヤバいですね。

〇 このように言い換えた方が〝得〟です！

それは、ただ事ではないようですね。

解説　昨今、老若男女問わず使われる機会が多い言葉のひとつがこの「ヤバい」です。ボキャブラリーがなかなか増えなくて悩んでいる理由は、この「ヤバい」を多用することに原因があるのかもしれません。

そもそも、今使われている「ヤバい」という言葉は、意味する範囲がとても広く、年代や性別の違いで、同じように理解することができないことも多くあります。

×の例のように、

●「大変なことだ」

という意味で使われるケースだけでなく、

●「すごい（美味しい）」

●「すごい量（大きい）」

●「これはマズい（よくない）状況」

など、「普通とは違う状態」の、さまざまなシーンで使われています。

このような使い方は、「『ヤバい』というひと言で済ませることで、相手に何をどのように理解してほしいかを放棄している」態度に思えて仕方ありません。

「ヤバい」を使ったとたん、物事を深くとらえずに、その内容を表現しようとすることをやめてしまう、一種の思考停止になってしまいます。

○と×は何が違うの？

相手に「どのように理解してもらいたいか」を考えているかどうか

なるべく「ヤバい」で済ませないように意識して心がけ、違う言葉で自分の気持ちや意見を表現しようとしてみる……。その結果、あなたの語彙力はグンと高まります。

「大変なことになった」「とんでもないことになった」と言うこともできますし、「由々しき事態になった」という表現でも、ほぼ同じ意味を伝えることができます。

6

率《そっ》直《ちょく》に申《もう》しますと

ありのままで、正直に。自分の気持ちや意見などを隠さず伝えること

× その言葉づかいでは〝損〟をします！

ぶっちゃけ、先に進めるのは難しいと思います。

○ このように言い換えた方が〝得〟です！

率直に申しますと、先に進めるのは難しいと思います。

○と×は何が違うの？

相手への配慮が含まれているかどうか

解説 「ぶっちゃけ」とは、「打ち明ける」が崩れた「ぶっちゃける」を省略した表現です。テレビドラマやトーク番組の影響もあり、「要するに」「実のところ」といった軽い意味でも使われています。○の「率直に」は、言いづらいことを伝える場面で使うことができます。「じっくり考えている」「相手に気を使っている」という配慮をしながら、「言いづらい」内容を伝えていることがわかります。

7 うかつにも

ぼんやりと不注意でいる。
不用心に行動してしまうこと

✕ その言葉づかいでは〝損〟をします！

つい、やっちゃいました。

○ このように言い換えた方が〝得〟です！

うかつにも、失敗してしまいました。

○と×は何が違うの？

ミスを認め、反省の気持ちがあるかどうか

解説 「つい」と言うと、ミスの原因が（自分ではなく）曖昧になります。軽く「つい」と言ってしまうことで、言い訳にしか聞こえなくなってしまいます。一方、○の例「うかつにも」という言葉は、ミスを招いてしまったことに考えが及ばなかったと詫びる姿勢を、相手へ丁寧に伝えようとすることができます。**「軽率にも」「注意が足りず」などと言い換えることもできます。**

8

少《すく》なからず（ことのほか）

物事の数や量、程度や範囲、可能性などに対して「少なくない」「わずかではない」といった意味を表す

✕ その言葉づかいでは〝損〟をします！

どのスーパーでも、結構、同様の事例があります。

〇 このように言い換えた方が〝得〟です！

どのスーパーでも、少なからず同様の事例があります。

〇と×は何が違うの？

常識の枠から見て多いか伝えているかどうか

解説　「少なからず」は、「少ない」に「あらず」という否定の言葉がつくため、少ないの逆＝「多い」を意味します。〇の例には、「思ったより多い」というニュアンスが含まれています。例えば、健康診断後に、「レントゲン検査の結果ですが、少なからず影が見つかりました」と言われるとドキッとします。しかし「結構、影が見つかりました」と告げられても、そこまで緊迫感は伝わりません。

9
雲《うん》泥《でい》の差《さ》

天と地ほどの違いがある。大きな違いがあること

×
その言葉づかいでは〝損〟をします！

私と彼の表現力は、結構違います。

○
このように言い換えた方が〝得〟です！

私と彼の表現力には、雲泥の差があります。

○と×は何が違うの？

違いの大きさがはっきり伝わるかどうか

解説　「結構」は本来、完全ではないが、それなりに十分である様子を伝える言葉です。「新人でも、結構知識がある」「結構、おもしろい」などと使われるのが正しい表現です。×の表現でも、違いがあることは伝わりますが、はたして「結構な違い」とは、どれくらいの違いなのか、曖昧でもあります。**「天と地ほどの差」「大人と子どもほどの差」**など**と言い換えることもできます。**

10

目《め》覚《ざ》ましい

驚くほど素晴らしい。よい方向へ非常に早く変わっていく

✕ その言葉づかいでは〝損〟をします！

数十年の間に、日本経済はすごく発展した。

○ このように言い換えた方が〝得〟です！

数十年の間に、日本経済は目覚ましい発展を遂げた。

○と×は何が違うの？

素晴らしさの度合いがはっきりわかるかどうか

解説　素晴らしいということを伝える時に使う「すごい」。「優秀」「際立っている」と意味の幅も広く、何にでも「すごい」と表現するのは、言葉の選び方としては不十分です。具体的に、何が、どのように優れているのかを示す上で、「よい方向へどんどん変化している」というニュアンスを伝えるには、○の「目覚ましい」が効果的です。**「驚異的な」とも言い換えることができます。**

11

金《きん》字《じ》塔《とう》を打《う》ち建《た》てる

後世に長く残るような優れた業績を残す

× その言葉づかいでは〝損〟をします！

杯部長は昨年、売上ですごい記録を出したらしい。

○ このように言い換えた方が〝得〟です！

杯部長は昨年、売上で金字塔を打ち建てたらしい。

○と×は何が違うの？

圧倒的なすごさの度合いが伝わるかどうか

解説　×の例も間違いではありません。ただ、「すごい」という言葉だけでは、「どれぐらいすごい」のか、聞く人によって受け取り方が変わってしまいます。「金字塔」は、ピラミッドを漢語訳した言葉です。誰も真似できないことを成し遂げたり、そう簡単には超えられない記録を打ちたてたりした場合に使われます。○の表現では、圧倒的な「売上のすごさ」を伝えることができます。

12

見識《けんしき》がある 見識を備《そな》えている

知識や経験が豊富。物事を深く見通し、本質をとらえる判断力がある

✕ その言葉づかいでは〝損〟をします！

山田さんは販売について、すごく詳しい。

○ このように言い換えた方が〝得〟です！

山田さんは販売について、高い見識を備えている。

○と×は何が違うの？

物事に精通している度合いが伝わるかどうか

解説　優れた判断力や、確かな意見を持ち合わせている人を、「この人はすごく詳しい」と表現するのは、間違いではありません。ただ、もう少し〝大人の言葉づかい〟で伝えられるとよいでしょう。知識の有無だけではなく、物事の本質をとらえている場合、○の例のように「見識を備えている」と表現すると、その人の持つ能力の高さが明確に伝わります。

13

無《む》用《よう》の長《ちょう》物《ぶつ》

あっても役に立つどころか、かえって邪魔になるもの

×
その言葉づかいでは〝損〟をします！

あの機械はもう古く、役立たなくなってしまった。

○
このように言い換えた方が〝得〟です！

あの機械はもう古く、無用の長物になってしまった。

○と×は何が違うの？

役に立たないものが邪魔になっている、というニュアンスまで伝わるかどうか

解説 ○の「無用」は「いらないもののこと」を、「長物」は「長すぎて役に立たないもの」から転じて「無駄なもの」のことを意味します。役に立たないものや、邪魔なものに対して使われる常套句です。×のように伝えることでも、こちらの伝えたい内容は相手に届きますが、ぜひ○のような表現を覚えて、使える言葉を増やしてみましょう。

14

万《ばん》難《なん》を排《はい》して

あらゆる障害や困難があっても、何としても

×

その言葉づかいでは〝損〟をします！

ベストを尽くしてやり遂げます。

○

このように言い換えた方が〝得〟です！

万難を排してやり遂げます。

○と×は何が違うの？

あらゆる障害を乗り越えて実行する意思あるかどうか

解説　○は、何かをやろうとする時、障害や問題があっても、それらを全部取り払って行うようなイメージです。困難を乗り越えて目標を達成する、あるいはあらかじめ問題を想定し、自分もそれらの問題を乗り越えてきたという意思を伝えることもできます。一方、×の「ベストを尽くして」は、○と比べると「障害を乗り越えて何としても」という強い気持ちが伝わらない恐れがあります。

第 2 章

考えていることが
ストレートに伝わる
「便利な言葉」

1

勉《べん》強《きょう》不《ぶ》足《そく》（で申《もう》し訳《わけ》ございません）

知らないことを問われた時に、謙虚にわからないことを伝える

×

その言葉づかいでは“損”をします！

今の話、わからないから教えてください。

○

このように言い換えた方が“得”です！

勉強不足で申し訳ございません。教えてください。

〇と×は何が違うの？

知らないことに対する謙虚な姿勢があるかどうか

解説　×の「わからないから」というひと言は、「相手の方がよくない」というニュアンスが伝わる恐れのある、〝攻撃的な〟言葉づかいです。不躾な印象を与えてしまいます。仮に、話がわかりづらかったとしても、相手に不快な思いをさせずに、快適なコミュニケーションを続けていくために、「話がわからない」ことを、自分の〝勉強不足〟を理由として伝えるとよいでしょう。

2

異《い》論《ろん》はございません

相手の意見に同意すること、異議のないこと。賛成すること

× その言葉づかいでは〝損〟をします！

それでいいです。

○ このように言い換えた方が〝得〟です！

異論はございません。

○と×は何が違うの？

相手の意見を受け止め、よく考えているかどうか

解説　×の例は、「何でもいいです（あまりきちんと考えていません）」というニュアンスが伝わる恐れがあります。それに対して、○の「異論はございません」は、「今回の処遇に関して、異論はございません」のように「何について」なのかを限定し、異論がない範囲を明確にすることができます。同時に、雑に対処したのではなく、しっかり受け止めて考えたということを表すこともできます。

3

早《さっ》急《きゅう》に

非常に急なこと。
至急に

×

その言葉づかいでは“損”をします！

そのトラブルには、すぐに対応します。

○

このように言い換えた方が“得”です！

そのトラブルには、早急に対応します。

○と×は何が違うの？

相手に対して真摯に向き合っているかどうか

解説　×は、「急いで」という意味ですが、「相手を尊重して対応する」真摯な姿勢を伝えるのには適していません。一方、○は、「緊急である」という意味だけでなく、相手に対する自分の意思と責任を感じさせる言葉です。「早急」は「さっきゅう」が正しい読み方ですが、「そうきゅう」と間違える人も多く、現在では辞書によって、項目の中に「そうきゅう」と追加しているものもあります。

4

些《さ》少《しょう》

取り立てて言うに及ばないほど、少しの分量であること。わずか

(相手に対して使ってはいけない)

✕ その言葉づかいでは〝損〟をします！

少しですが、お召し上がりください。

〇 このように言い換えた方が〝得〟です！

些少ではありますが、お召し上がりください。

〇と×は何が違うの？

相手を尊重して丁寧に接しているかどうか

解説 手土産などを渡す場合に、×のように「少しですが」と伝えたいのならば、家族や気の置けない友人のような近い関係の人にのみ、使うようにしましょう。そこまで親しくない方や、仕事の上でお付き合いのある相手には、〇の「些少ですが」を使います。同じ内容のことを伝える場合でも、このような使い分けによって、自分がへりくだって相手との距離感を表すことができます。

5

先《せん》般《ぱん》

先日、先頃、この間

✕ その言葉づかいでは〝損〟をします！

この間の打ち合わせでは、

○ このように言い換えた方が〝得〟です！

先般の打ち合わせでは、

○と×は何が違うの？

言葉の重みや、丁寧に伝えようする姿勢があるかどうか

解説　言葉には大きく分けて、話し言葉と書き言葉があり、正確に伝えたい時には、書き言葉を使うことをお勧めします。「この間」は話し言葉、「先般」は書き言葉で、それぞれの〝言葉の重み〟が違います。言葉の印象が軽々しいと、軽く受け止められますが、書き言葉で丁寧な印象を与えられれば、言葉と人のイメージが重なり、周りから言葉の重みと同等に扱われるようになります。

6

あまねく（もれなく）

広く全体に。
全てにわたって漏らすことなく

✕ その言葉づかいでは〝損〟をします！

今回の社長の言葉は、全ての社員に伝えるべき。

〇 このように言い換えた方が〝得〟です！

今回の社長の言葉は、あまねく社員に伝えるべき。

〇と×は何が違うの？

もれなく全部を網羅していることが伝わるかどうか

解説 「全て」と「あまねく」は似て非なる言葉です。〇には、「水が一滴も漏れてはならないくらい、ひとつ漏らさず全て」というニュアンスがあります。一方、×では、「ただ単に、そこにいる（ある）全て」と、軽くとらえられてしまう可能性があります。「全て」と言うものの、「気を配って、全部に行き渡っているか」と問われると、残念ながらそこまででもないイメージが伝わってしまいます。

7

さしずめ

結局。本当のところ。
将来のことはわからないが、
今のところ

×
その
言葉づかいでは
〝損〟をします！

つまり、あなたしかそれを実行できる人はいません。

○
このように
言い換えた方が
〝得〟です！

さしずめ、あなたしかそれを実行できる人はいません。

解説　「さしずめ」という言葉は、「その結論が出るまで、当てはまることをじっくり考えてきた」というニュアンスを伝えることができます。自分の意思や考えがその言葉にしっかりと込められ、そしてそれが相手に伝わることになります。その結果、伝えられた相手は自分の意見に対して反論や否定をしにくくなります。一方×の表現「つまり」にはそこまでの深さはありません。

＼○と×は
何が違うの？／

結論に至るまで、
きちんと考えてきた
という印象があるか
どうか

8

概《おおむ》ね

おおよそ。物事の最も重要な部分

✕ その言葉づかいでは"損"をします！

おっしゃったことは、だいたい理解しました。

○ このように言い換えた方が"得"です！

おっしゃったことは、概ね理解いたしました。

○と×は何が違うの？

内容を正確に伝えようとする謙虚さとまじめさが伝わるかどうか

解説　「だいたい理解した」と伝えられ、「この人はどこまでわかっているのか」と考えると、さらに確認をする必要が出てきそうです。だからと言って、「完璧に理解しました」と言われても、「本当に完璧なのか」と不安に感じることもあるでしょう。特にビジネスでは、「だいたい」という曖昧な伝え方は避けるべきです。「概ね」を使うことで、理解の度合いを正しく伝えることができます。

9

詳《しょう》細《さい》に

詳しく、細かに。細部に至るまで詳しいこと

× その言葉づかいでは〝損〟をします！

昨日の出来事について、もっと教えてください。

○ このように言い換えた方が〝得〟です！

昨日の出来事について、詳細に教えてください。

＼○と×は何が違うの？／

（内容の細かい）範囲を自分で決められるかどうか

解説　「詳細に」という言葉を選ぶと、「自分が満足できるくらい、全部を」というニュアンスを伝えることができます。○の例は、「自分が教えてもらう内容について、十分か足りていないか判断する」ような意味合いがあります。一方、×では、教えてもらいたい内容が曖昧に受け取られるので、教えてもらう範囲を相手に委ねていて、どのくらいまでかを相手が判断することになります。

10

期《き》せずして

思いがけず、意図していなくて。偶然に

× その言葉づかいでは〝損〟をします！

たまたま、同じ研修に出ていました。

○ このように言い換えた方が〝得〟です！

期せずして、同じ研修に出ていました。

○と×は何が違うの？

その時の感情まで伝えられるかどうか

解説 ○の表現ならば、「期せずして会った」後に、懐かしい気持ちが湧いてくるかもしれません。あるいは「期せずして会った」後、昔の嫉妬心が呼び起こされるかもしれません。つまり、その状況に加えて、相手と会った時に生まれた感情も表現できるのが「期せずして」です。一方、×の「たまたま」では「偶然に出会った」という事実しか伝えることができません。

11

さぞかし

きっと～だろう。
どんなにか～だろう

×
その言葉づかいでは〝損〟をします！

どれだけ、入院生活は大変だったのだろう……。

○
このように言い換えた方が〝得〟です！

さぞかし、入院生活は大変だったのだろう……。

＼○と×は何が違うの？／

相手へ共感していることが伝わるかどうか

解説　「さぞかし」は、「さぞ」と「かし」という二つを組み合わせた言葉です。「さぞ」が「きっと」という意味の副詞で、後ろに推量の言葉が続きます。「かし」は文語で、「きっと～ですね」と強く念を押します。「さぞかし」は、実際に体験していないことに対して「きっと～だったのだろう」「どんなにか～だったのだろう」と心情を想像して、相手への共感や思いやりを表します。

12

まがりなりにも

どんなに悪かろうと
いかに不十分であろうと、
それなりに
（謙遜しているニュアンスを出す）

✕ その言葉づかいでは〝損〟をします！

どうにか、学校を卒業することができた。

〇 このように言い換えた方が〝得〟です！

まがりなりにも、学校を卒業することができた。

〇と×は何が違うの？

聞いている人を引きつけられるかどうか

解説 「まがりなりにも」は、「なんとか最低の条件を満たしたから、その後どうなったか」という期待を感じさせる言葉です。聞いている相手にこの言葉で「次に何が出てくるのか」と興味を湧かせ、引き込むことができます。一方、×の「どうにか」では、そこでストーリーが終わってしまいます。ですから相手を引き込むこともありません。

13

可《か》もなく不《ふ》可《か》もなく

取り立てていいということもないが、悪くもない

✕ その言葉づかいでは〝損〟をします！

なんとか、大役を全うできたと思います。

〇 このように言い換えた方が〝得〟です！

可もなく不可もなく、大役を全うできたと思います。

〇と×は何が違うの？

周りへの感謝の気持ちを表現できるかどうか

解説 〇の「可もなく不可もなく」は、その後に続く「皆様のおかげです」というニュアンスをセットにして使われます。言葉の上では「何もない」と伝えていますが、文章の意味としては本来、何もないわけではないのです。無事に乗り越えられてきたのは、まさに周りに感謝すべきことなのです。一方×は、それがありません。周りとの関係性がない、自分の気持ちだけを表した表現です。

14

つまびらかにする

内容を細部まで明らかにする、詳細を明示する

×
その言葉づかいでは“損”をします！

これまでの調査の過程を明らかにする。

○
このように言い換えた方が“得”です！

これまでの調査の過程をつまびらかにする。

○と×は何が違うの？

精密さや深さを伝えることができるかどうか

解説 ○は、「一点一点、詳細まで明らかにする」ことを表しますが、×はそこまでの意味は含まれません。両者では言葉の精密さ、重さが異なります。例えてみると言葉には、リヤカーを作る言葉と、ジェット機を作る言葉があります。リヤカー（＝簡単な部品）と、ジェット機（＝数百万の部品で作られる）では、こまやかな感情や状況、そして深い考えを表せるかどうかに違いが出ます。

15

相《あい》成《な》りました

〜になりました。
〜に決定しました
（重要な報告や、フォーマルな内容を伝える時に使う）

×
その言葉づかいでは〝損〟をします！

創業20周年を迎えることになりました。

○
このように言い換えた方が〝得〟です！

創業20周年を迎えることと相成りました。

○と×は何が違うの？

伝える内容が重要であり、その重みを伝えられるかどうか

解説　○の「相成りました」を使う代表例としては、「ご婚姻がつつがなく相成りました」というような、フォーマルな場面が考えられます。この表現で、いろいろな過程を経て、ようやくここまでに至ったことを表せます。これも×とは重みが全然違います。何か重要なこと、聞きづらいことを確認する場合は「いかが相成りましたでしょうか」と尋ねるとよいでしょう。

16 慮《おもんぱか》る

相手に配慮する。あれこれ思いを巡らし、深く考えること

✕ その言葉づかいでは〝損〟をします！

彼は周りを思いやって企画を立てた。

○ このように言い換えた方が〝得〟です！

彼は周りを慮って企画を立てた。

○と×は何が違うの？

深い思いやりや配慮を伝えられるかどうか

解説 ○は、日常会話でもよく使われる「思いやる」という言葉のイメージを超えて、「人が想像できないくらいのことも考えている。多岐にわたって気配りをしている」ニュアンスがあります。相手が「そこまで考えてくれるのだ」と感じるような配慮です。例えてみると、「慮る」は360度、周囲を包むような気配りがあり、「思いやる」は、そこまで含まれていないイメージがあります。

17

思《し》案《あん》にあまって

あれこれ考える。深く考え抜く

✕ その言葉づかいでは〝損〟をします！

あれから、どうしたものかと考えあぐねています。

〇 このように言い換えた方が〝得〟です！

あれから、どうしたものかと思案にあまっているのです。

〇と✕は何が違うの？

いかに深くしっかりと考えているかどうか

解説 〇は、何かを考えているだけでなく、深く心に落とし込む＝「腑に落ちる」まで考え抜いていることを表しています。例えば「人生での大きな悩み」や「転職する際の転職先選び」など、なかなか考えても正解は出ませんし、心の底までは納得できていないことも多いものです。そのような時に使える表現です。**〇の言い換えとしては、「熟考する」「勘案する」などもよいでしょう。**

18

失《しっ》態《たい》を演《えん》じる

面目を失うような失敗。顔に泥を塗るようなことをしでかす

× その言葉づかいでは〝損〟をします！

あの件では、彼はしくじってしまった。

○ このように言い換えた方が〝得〟です！

あの件では、彼は失態を演じてしまった。

○と×は何が違うの？

どこまで失敗と向き合っているかが伝わるかどうか

解説　○の「失態を演じる」は、その人の価値そのものがなくなる、積み上げたもの、信頼を失う、批判の矢面に立たされる、何かの存在そのものがなくなるほどの失敗を犯してしまったイメージが伝わります。×の「しくじる」では、ただ失敗を起こしてしまった、というような「失敗についての重み」が伝わらない表現で終わってしまいます。

19

割愛《かつあい》する

惜しいと思うものを、思いきって捨てたり、手放したりすることに「惜しみながら省く」という意味。会議やプレゼンなどのビジネスシーンでよく使われており、「必要だが都合によりカットする」というニュアンスが含まれる

✕ その言葉づかいでは〝損〟をします！

時間の関係で、こちらは省略します。

〇 このように言い換えた方が〝得〟です！

時間の関係で、こちらは割愛します。

〇と×は何が違うの？

省く対象への強い思いがあるかどうか

解説 〇は、省くことに対して、惜しいと思う気持ち、その内容についての思い入れを伝えることができます。会議やプレゼンなどのビジネスシーンで使われることが多く、「必要だけれども、都合によりカットします」というニュアンスが含まれています。一方で×の省略では、不要な部分を省く行為のみを指します。「あってもなくても、どちらでもいいもの」に対しては「省略」を使います。

20

示《し》唆《さ》に富《と》む

暗に教えられることが多く含まれている。それとなく知らせること、ほのめかすこと

×　その言葉づかいでは〝損〟をします！

山田先生の講演は、参考になる話でした。

○　このように言い換えた方が〝得〟です！

山田先生の講演は、示唆に富む話でした。

○と×は何が違うの？

触れた知識・見識への敬意が伝わるかどうか

解説　「示唆」の意味は「それとなく知らせること」「ほのめかすこと」です。○の例は、教えられることや気づかされることがそこには多く含まれているという意味になります。その話の内容に触発されたこと、また自ら能動的に努力してそのことについて理解したり、知ろうとしたりする姿勢が表れています。×は、そこまでの気持ちは表せず、「単なる情報を得た」ということでしかありません。

21

耐《た》えない・（見《み》るに）耐《た》えがたい

苦しくて、我慢できない

×

その言葉づかいでは〝損〟をします！

あの映画の残酷なシーンはグロい。

○

このように言い換えた方が〝得〟です！

あの映画の残酷なシーンは見るに耐えない。

○と×は何が違うの？

苦しい、マイナスの心情を的確に伝えられるかどうか

解説　（映画の残酷なシーンが）我慢できないという心情を表す際に、×の「グロい」は、品がなく「ヤバい」「わぁ」「はぁ！」という程度のことしか伝えられません。その映画の内容を、年齢が離れた人など「日頃、会話などでコミュニケーションをとっていない相手」に伝える必要があるなら、○の「見るに耐えない」を使うことで、内容やその時の自分の気持ちを的確に伝えることができます。

22

毀《き》損《そん》

物を壊したり、利益や体面が損なわれたりすること。他人の評判など体裁を損なうこと

× その言葉づかいでは〝損〟をします！

風評被害を受けて、メンツをつぶされた。

○ このように言い換えた方が〝得〟です！

風評被害を受けて、名誉が毀損された。

○と×は何が違うの？

相手を尊重した表現であるかどうか

解説　「毀損」は物を壊した場合に使われる言葉ですが、ビジネスシーンでは、名誉や信頼を失う際に使われます。そこには名誉や信頼を重んじて、損なわれることへの申し訳なさを伝える意味も込められています。一方、×の文例「メンツをつぶされた」では、そこまで体面を重んじている、というニュアンスを伝えるのには適していません。

23

符《ふ》合《ごう》する

二つ以上の事柄が、ぴったりと合致・対応すること。切り離せないもので、別にすると著しく不適当と認められる

×

その言葉づかいでは〝損〟をします！

その話は事実とぴったり合っている。

○

このように言い換えた方が〝得〟です！

その話は事実と符合している。

〇と×は何が違うの？

二つの物事がしっかり結びついているかどうか

解説　○の「符合する」という表現では、二つのうち一つが欠けても成り立たない状態、状況を示す書き言葉です。一方、×の例では、単純に、「ちょうど合っている」というニュアンスを表すことしかできません。別々のものでもいいというニュアンスが伝わり、例文の「話の内容」と「事実」が、決して切り離すことができない、という意図を含むことにはなりません。

24

前《ぜん》年《ねん》（翌《よく》年《ねん》）

～の前の年（～の次の年）

×
その言葉づかいでは〝損〟をします！

あれは新宿店がオープンするより前のことだった。

○
このように言い換えた方が〝得〟です！

あれは新宿店がオープンする前年のことだった。

○と×は何が違うの？

物事を正確に伝えようとする姿勢があるかどうか

解説　出来事がいつのことであったか、正確に思い出すのは難しいものです。しかし、何年のことであったかを忘れてしまったとしても、「○○があった前年」と考えると、記憶を手繰り寄せることもできます。過去のことを相手に伝える際に、正確な情報を伝えようとするか、「だいたいこれくらい前」と伝えるかでは、大きな違いがあります。特にビジネスの現場では、正確に伝えることが重要です。

25

胎《たい》動《どう》する

新しい物事が、内部で動き始めること。息づき始める、兆す

×

その言葉づかいでは〝損〟をします！

経済成長が続く中で、民主化の流れも動き出していた。

○

このように言い換えた方が〝得〟です！

経済成長が続く中で、民主化の流れも胎動していた。

○と×は何が違うの？

何かが生み出される様子が生き生きと伝わるかどうか

解説　「胎動」とは、妊婦の母胎内で胎児が動くことです。物事の新しい動きが内側から湧き起こって表面化していることを表します。○の例では、ただ単に新潮流があることを指し示すだけではなく、まさに新しいことが起きる、息づき始めるという意味を表すことができます。一方、×の例では内部から起こっている、という深いニュアンスを表すことはできません。

26

再《さい》現《げん》性《せい》

ある一定の条件や手順のもとで、同一の特性や同じことが繰り返し起こるかどうか

✕ その言葉づかいでは〝損〟をします！

そのやり方に、誰がやっても同じでないと意味がない。

○ このように言い換えた方が〝得〟です！

そのやり方に、再現性がないと意味がない。

○と×は何が違うの？

同一の程度の厳密さが伝わるかどうか

解説 ○の例は、まさに同一の特性や同じことを繰り返し行えるかを示しています。×の「誰がやっても同じ」という表現は、〝同じ〟の度合いが、〝似ている程度〟であるのか、〝ほぼ同じ程度〟であるのか、それとも〝全く同じ〟であるのか、を厳密に伝えるのに適していません。

語彙力

第3章

マナーを守って相手との距離が近くなる大人の「挨拶」「敬語」

1

恐《おそ》れ入《い》ります

自分には身に余るような褒められ方に、恐れ多く身が縮む思いがする

× その言葉づかいでは〝損〟をします！

（褒められて）いえ、それほどでも……。

○ このように言い換えた方が〝得〟です！

（褒められて）お褒めいただき、恐れ入ります。

○と×は何が違うの？

身に余る光栄を感じさせるかどうか

解説　日本人は、面と向かって褒めてもらうことに慣れていません（その点が美徳でもあるのですが）。褒められると、相手の気持ちを素直に受け取らず、否定的な態度になってしまうこともあります。しかし、褒められた時には、感謝と謙遜の気持ちを伝えるようにしましょう。まず「ありがとうございます」と返し、丁寧に謙遜の意を伝えると、褒めた人もうれしく感じてくれるでしょう。

2

お目《め》にかかる

「会う」の謙譲語。
相手の「目」に接頭語の
「御（お）」が付けられ、
「かかる」は
「見られる」を意味している

×
その言葉づかいでは“損”をします！

先日のパーティーでお会いしました鈴木です。

〇
このように言い換えた方が“得”です！

先日のパーティーでお目にかかりました鈴木です。

〇と×は何が違うの？

会うことをより丁寧に伝えようとしているかどうか

解説 〇の「お目にかかる」は、自分がへりくだった謙譲表現であるため、目上の相手に「会う」シーンで使われます。名刺交換や挨拶のような短い時間に会った、という場合に使います。×の「お会いする」も謙譲表現ではありますが、「お目にかかる」よりも、やや砕けた言い方になります。「会いたい」ことを伝える場合は、「お目にかかれれば幸いです」という伝え方もよいでしょう。

3

ご足労《そくろう》

わざわざお越しいただく。
「足労」とは移動する、
労力という意味で、
それに「御（ご）」を付けて
丁寧にした表現

×
その言葉づかいでは〝損〟をします！

わざわざ来てもらって、すみません。

○
このように言い換えた方が〝得〟です！

ご足労いただき、ありがとうございます。

○と×は何が違うの？

来ていただいた相手への敬意の深さが伝わるかどうか

解説　○の表現は、来てもらったという相手の労力に対して、「本来ならば、こちらから足を運ばなければならないところを……」という、感謝の気持ちを表しています。訪問やアポイントを依頼した人が言う言葉です。×の例では、相手が出向いてくれたことに対する、丁寧な感謝の気持ちは表現しきれていません。**「わざわざお越しいただき」という表現でも、ほぼ同じ意味を伝えることができます。**

4 失《しつ》礼《れい》する

「帰る」「立ち去る」の謙譲語。
おいとまする

× その言葉づかいでは〝損〟をします！

本日は、先に帰らせていただきます。

○ このように言い換えた方が〝得〟です！

本日は、お先に失礼いたします。

○と×は何が違うの？

礼儀正しさを伝えられるかどうか

解説 ○の「失礼いたします」は、今の場所から離れて帰る時に使う謙譲表現です。一方、×の例は、一見丁寧なように聞こえますが、お邪魔した際に「帰る」と伝えるのは、よほど近い間柄の人だけに使うようにするのがよいでしょう。**「本日は、そろそろおいとまいたします」という表現も、同じような場面で使うことができます。**

5

気《き》持《も》ちばかりの

贈り物をする時に、へりくだる伝え方。少しの物を人に渡す際に謙遜する表現

✕ その言葉づかいでは〝損〟をします！

あの、これ、つまらないものですが……。

〇 このように言い換えた方が〝得〟です！

こちらは気持ちばかりのものですが……。

〇と✕は何が違うの？

相手をより気遣う気持ちが伝わるかどうか

解説 〇は、渡す物に対してだけではなく、贈り物を贈ること自体、相手にふさわしい物を選ぶなど気遣いの行為全般を指して謙遜している表現です。贈り物とは気遣いを物に託すことなので、「気持ちばかりの……」と言うことで相手への気遣いをより強く表すことができます。✕の伝え方は、贈る「物」のことだけに触れています。

6

お構《かま》いなく

相手の心遣いや
配慮をやんわりと断る時に
使う表現。
「お気遣いなく」や
「お気になさらず」

✕ その言葉づかいでは〝損〟をします！

どうぞ、気にしないでください。

〇 このように言い換えた方が〝得〟です！

どうぞお構いなく。

○と×は何が違うの？

相手からの、おもてなしへの感謝と敬意があるかどうか

解説 ○は、おもてなしのような社会的慣習（お客様にお茶とお菓子などを出す）など相手の気遣いを受け止め、こちらからの感謝を伝える時の表現です。同時に、「私などに気を遣っていただき」という謙遜の意味も込めています。一方×は、何に対して「気にしないで」と言っているのか、明確に謙遜の意味も含まれていません。**「お気遣いなく」と言い換えることもできます。**

7

ご笑納《しょうのう》

（贈り物などを）受け取ってもらう時の謙譲表現。「たいした品物ではないのですが、笑ってお納めください」という意味

×

その言葉づかいでは〝損〟をします！

ささやかではございますが、お受け取りください。

○

このように言い換えた方が〝得〟です！

ささやかではございますが、ご笑納ください。

○と×は何が違うの？

親しい人にへりくだって贈り物を渡す気持ちがあるかどうか

解説　○の例は、好意によって相手に贈り物をする時に使います。「もしよろしければ・お時間があれば（受け取っていただけますか）」と謙遜するニュアンスが込められています。同僚など、親しい間柄の人に、お土産や贈り物などを渡す時、あるいはちょっとしたお詫びの気持ちを贈り物で伝えたい時に、「ささやかながら」という気持ちを込めて使うとよいでしょう。

8

お手《て》洗《あら》いをお借《か》りする

トイレを使わせていただく際の謙譲表現

✕ その言葉づかいでは“損”をします！

トイレはどちらでしょうか。

〇 このように言い換えた方が“得”です！

お手洗いをお借りしてよろしいでしょうか。

＼〇と×は何が違うの？／

相手に対する丁寧な気持ちをよりこまやかに伝えているかどうか

解説 〇のように、相手への気遣いから考えると「お借りしてよいか」と確認するのが丁寧な聞き方です。言外に「あなたがダメと言えば使いません」「場所がわからないので教えてほしい」というニュアンスが含まれます。一方、×は相手の許可を得るのではなく「借りられる」という前提で場所を聞いている形になります。これだけの違いですが、相手に対する丁寧さが大きく異なってきます。

9

ご愁《しゅう》傷《しょう》様《さま》です

葬儀などで遺族の方にお悔やみを伝える時に使う言葉。悲しんでいる気持ちを表す

×　その言葉づかいでは〝損〟をします！

この度は驚きました。

○　このように言い換えた方が〝得〟です！

この度はご愁傷様でございます。

○と×は何が違うの？

正しく弔意を示すことができるかどうか

解説　「ご愁傷様です」は、相手の傷づいた気持ちを愁う、お悔やみの際の常套句です。「あなたの悲しい気持ちはよくわかります。とても気の毒なことです」と、相手に心からのお悔やみを伝えます。一方、思わず出てしまった×の例は悪気はないのかもしれませんが、お悔やみや慰めの気持ちを厳かに伝えられていません。とっさの時に敬語表現を使えるように覚えておきましょう。

10

何《なん》とお慰《なぐさ》めしたらよいのか言《こと》葉《ば》が見《み》つかりません

悲しみに暮れる遺族の方にかけるお悔やみの言葉

× その言葉づかいでは〝損〟をします！

何と言ったらいいのかわかりません。

○ このように言い換えた方が〝得〟です！

何とお慰めしたらよいのか、言葉が見つかりません。

○と×は何が違うの？

遺族の方の悲しみに寄り添おうとする思いがあるかどうか

解説 ○は、「突然のことで、何とお慰めしたらよいのか、言葉もありません。心からお悔やみ申し上げます」というように、あなたを勇気づけたい、元気にさせたいけど、「何を言ったらいいのかわからない」という気持ち・情感を伝えるお悔やみの言葉です。一方×は、単に自分の今の気持ちを述べただけで、葬儀の場で厳かに亡くなった方を偲ぶ言葉としては不十分です。

11

胸中《きょうちゅう》お察《さっ》しいたします

不幸があった人や困難な状況にある人が悲しみ、落ち込んでいるのを慰める時に使う

✕ その言葉づかいでは〝損〟をします！

大変でしたね、大丈夫ですか。

〇 このように言い換えた方が〝得〟です！

胸中お察しいたします。

〇と×は何が違うの？

悲しみをともに受け止め、慰めようという姿勢があるかどうか

解説 〇は、身近な人が亡くなられた人や自然災害などに遭った方を慰める表現で、困難な状況にある方と直接、話をする時に使うようにしましょう（不確かな状況で使って、万が一間違っていたら相手を不快にさせてしまう恐れがあるため）。×の例は「大丈夫ですか」と言うことで、相手の不幸な状況に上からもの申しているニュアンスになる恐れがあるため、使わないようにしましょう。

12

御《ご》霊《れい》前《ぜん》にお供《そな》えください

葬儀や法要の際、香典やお供え物を遺族に差し出す場合に添える

✕ その言葉づかいでは〝損〟をします！

霊前に供えさせてください。

○ このように言い換えた方が〝得〟です！

御霊前にお供えください。

○と×は何が違うの？

相手への弔意が正しく伝わるかどうか

解説 ○は仏教の葬儀の時に使う表現です。お通夜・告別式に参列する際に、式場に入る前に受付で受付係に香典を渡す時にお悔やみの言葉を伝えます。袱紗に包んで持参した香典を取り出し「御霊前にお供えください」とお悔やみの言葉をかけて、受付の方に渡します。×の表現は、間違っているわけではありませんが、慣用表現の○を覚えましょう。

13

奇《き》遇《ぐう》

「まさかこんな場所で会うとは」
「思いがけず、こんなところで会うとはびっくりする」
という意味

✕
その言葉づかいでは〝損〟をします！

旅行先で会うなんて、びっくりですね。

〇
このように言い換えた方が〝得〟です！

旅行先でお目にかかれるとは、奇遇ですね。

〇と×は何が違うの？

「何かの縁で会えた」という肯定的なニュアンスが伝わるかどうか

解説　〇は不思議なご縁でという意味です。思いもよらない場所で会ったことを表す場合に「奇遇」を使います。「知っている人と、予想していなかった場所で会えた！」「出会えてよかった」という、肯定的なニュアンスを伝えることもできます。×の例では単に偶然会えたことを驚いている気持ちを伝えるだけの表現になります。

14

ご厄《やっ》介《かい》になる

面倒をみてもらうこと。世話になること

×

その言葉づかいでは"損"をします!

山田がお世話になりまして、ありがとうございます。

○

このように言い換えた方が"得"です!

山田がご厄介になりまして、ありがとうございます。

○と×は何が違うの?

丁寧な印象が伝わるかどうか

解説　○の例は、「お世話になります」だけでは物足りない場合に使うとよいでしょう。何か問題を起こして申し訳ないという意味も込めることができます。ビジネスの現場では、「こんにちは」「ご無沙汰しています」などの挨拶が「お世話になっています」のひと言で済まされてしまうケースも少なくありません。相手へより丁寧に感謝の気持ちを伝えたい時に、○は効果があります。

15

手《て》前《まえ》味《み》噌《そ》

自分で自分のことを褒める時や自慢をする時に、前に置く言葉として使う

✕ その言葉づかいでは〝損〟をします！

ぶっちゃけ、サービスには自信があります。

〇 このように言い換えた方が〝得〟です！

手前味噌で恐縮ですが、サービスには自信があります。

〇と✕は何が違うの？

こちらの謙虚な姿勢を伝えられるかどうか

解説　〇の例は「主観的な見方で恐縮です。もっといいものがあるかもしれませんが、自分の事例を少々お伝えします」と自分のことを褒める時に使う表現です。「これから自分で自分のことを褒めるのだ」と、相手にあらかじめ心の準備をしてもらうことができます。ビジネスの現場では、自社の製品を売り込む際に、恐縮の念を伝えつつも、そのよさを説明することができるので、よく使われます。

16

ひとかたならぬ

並ひととおりではない。
人並みではない

× その言葉づかいでは〝損〟をします！

大変なご支援を、誠にありがとうございます。

○ このように言い換えた方が〝得〟です！

ひとかたならぬご支援を、誠にありがとうございます。

＼○と×は何が違うの？／

日頃からの深い感謝の気持ちが込められているかどうか

解説 ○の「ひとかたならぬ」は、普段の話し言葉の中で使われるというよりは、お礼状や年賀状など、やや改まった場面で使われることが多い言葉です。例文のように「支援をしてもらった具体的な事柄が思い浮かび、支えていただいたことへの感謝の気持ちも込めて」使うとよいでしょう。一方×の「大変な」は、ありきたりな言葉であり深いお礼の気持ちは伝わってきません。

17

僭《せん》越《えつ》

地位や立場をわきまえず、出過ぎた真似をすること。「差し出がましいことをして……」という気持ちを表す時の表現

×

その言葉づかいでは〝損〟をします！

私ごときで恐縮ですが、代表としてご挨拶いたします。

○

このように言い換えた方が〝得〟です！

僭越ながら、代表としてご挨拶いたします。

○と×は何が違うの？

自分のことをわきまえ、謙虚な姿勢が伝わるかどうか

解説　○は目上の人や取引先など、自分より上のポジションにいる人を目の前にした時に使います。「このようなことをするのは、自分の身に余り申し訳ありません」と、謙虚な姿勢を表します。立場上、その人は自分がその立場に選ばれるのは過ぎたことだと考えていることを示し、わきまえていることが伝わります。×の例では、へりくだった姿勢を伝えるのには不十分です。

18

ご指《し》導《どう》ご鞭《べん》撻《たつ》

顧客、上司、先輩を敬い、
「ご指導、ご注意をお願いします。
尊敬の念とともに受け入れます」
という意味合いで使う

✕ その言葉づかいでは〝損〟をします！

今後ともよろしくお願いします。

〇 このように言い換えた方が〝得〟です！

今後ともご指導ご鞭撻のほどお願い申し上げます。

〇と×は何が違うの？

自ら学ぼうとする真摯な姿勢が伝わるかどうか

解説 〇の例は、ビジネスシーンでは特に、目上の上司や先輩、顧客に対しての挨拶、手紙やビジネスメールの締めに使われる常套句です。後輩に対しては使われません（「ご支援」などと言い換えます）。具体的には、厳しくご指導・アドバイスをください、お導きくださいという意味です。そこには相手からの忌憚のない意見を受け入れようという意思を感じさせます。

●よく使われる敬語表現

普通の言い方	尊敬語	謙譲語	丁寧語
会う	お会いになる	お目にかかる	会います
言う	おっしゃる	申す	言います
行く	いらっしゃる	伺う、参る	行きます
来る	いらっしゃる お越しになる	伺う、参る	来ます
いる	いらっしゃる	おる	います
聞く	お聞きになる お耳に入る	伺う 拝聴する	聞きます
見る	ご覧になる	拝見する	見ます

普通の言い方	尊敬語	謙譲語	丁寧語
する	される、なさる	いたす	します
食べる	召し上がる	いただく	食べます
着る	お召しになる	着させていただく	着ます
与える	くださる	差し上げる	与えます
もらう	お受けになる	いただく 頂戴《ちょうだい》する たまわる	もらいます
帰る	お帰りになる	失礼する	帰ります
知っている	ご存じである	存じている 存じ上げる	知っています
思う	お思いになる お考えになる	存じる	思います

●名詞の尊敬語と謙譲語

名詞	尊敬語	謙譲語
会社	御社 貴社	弊社
団体	貴会	小会
店舗	貴店	弊店
担当者	ご担当者様 ご担当の方	担当の者
同行者	お連れ様	連れの者

●ビジネスにふさわしい言葉

普段づかいの言葉	ビジネスシーンで使う言葉
あっち、こっち	あちら、こちら
そっち、どっち	そちら、どちら
さっき	先ほど
今	ただ今
後で	後《のち》ほど
もうすぐ	間もなく

普段づかいの言葉	ビジネスシーンで使う言葉
わかりました	かしこまりました
いいですか	よろしいでしょうか
どうですか	いかがでしょうか
わかりません	わかりかねます
できません	いたしかねます
おととい	一昨日《いっさくじつ》

普段づかいの言葉	ビジネスシーンで使う言葉
ちょっと	少々
すごく	とても
だんだんと	次第に
すみません	申し訳ありません 申し訳ございません

普段づかいの言葉	ビジネスシーンで使う言葉
昨日	昨日《さくじつ》
今日	本日《ほんじつ》
明日	明日《みょうにち》
あさって	明《みょう》後《ご》日《にち》

第 4 章

こう言えば
角が立たない
「頼み方」「断り方」

1 ご容赦《ようしゃ》

こちらの失敗や、至らない点に対して「大目に見てほしい」「どうか許してください」という意味で使用される

✕ その言葉づかいでは〝損〟をします！

申し訳ございません。お許しいただけないでしょうか。

〇 このように言い換えた方が〝得〟です！

申し訳ございません。ご容赦いただけないでしょうか。

〇と×は何が違うの？

ミスや失態について、より丁寧に説明しようとしているかどうか

解説　こちらの事情を察してもらって、相手に許しを乞うたり、認めてもらったりする時の表現です。例えば、風邪で体調を崩して仕事が遅れた場合に、〇の例のように使うとよいでしょう。また、自分の状況や気質を知る相手に、今後起こりうる過失に対して、「何かと至らぬ点があるかと存じますが、どうかご容赦ください」などと、事前にお断りしておきたい時に使うこともできます。

2

先《せん》約《やく》がある

「先約」は、前からしていた約束や、予定のこと。お誘いが断りづらい時に、断るための口実として使うことも

×

その言葉づかいでは〝損〟をします！

あいにく予定がありまして、参加することができません。

○

このように言い換えた方が〝得〟です！

あいにく先約がございまして、参加することができません。

解説　×の例は単に事務的に「予定があるか、ないか」を伝えています。○のように伝えることで、「今、おっしゃられたことと同等の約束が既にあります」という意味を込めることができます。ただの「予定」よりも、約束は「価値がある」という気持ちを感じさせることになります。相手からの誘いを断るために使うことが多いので「あいにく」をつけると相手に丁寧な印象を与えることができます。

○と×は何が違うの？

約束をお断りすることを丁寧に伝えようとしているかどうか

3

お力《ちから》添《ぞ》え

手助け、協力、援助を意味する
「力添え」を
丁寧に表現した言葉。
相手に力を
貸してもらいたい時に使われる

× その言葉づかいでは〝損〟をします！

切にご協力をお願いします。

○ このように言い換えた方が〝得〟です！

切にお力添えをお願い申し上げます。

○と×は何が違うの？

相手の方に力を貸していただきたいと、心からお願いしているかどうか

解説　○の例は、お願いをされて、相手は「よし！　ご協力しましょう」と前向きに応えていただきたい、そのような意気込みを感じさせます。そのくらいのお願いをできる関係性のある人に使うとよいでしょう。一方、×の「ご協力」は丁寧な伝え方ではありますが、○の「お力添え」と比べると、そこまでお願いする内容を切望していない印象に受け取られる恐れがあります。

4

お時《じ》間《かん》をいただく

時間をもらいたい。相手に待っていただきたいという意味

×

その言葉づかいでは〝損〟をします！

もう少し待ってください。

○

このように言い換えた方が〝得〟です！

今しばらくお時間をいただけませんでしょうか。

○と×は何が違うの？

約束や、相手に時間をいただくことに真摯な姿勢を示しているか

解説　○の例のように丁寧に伝えた後は、「いつまでに……」という具体的な締め切りを示すと誠意が伝わります。時間に対して責任を持って伝えることで、相手もその締め切りに対して「それでいいのか、ダメなのか」結論を出しやすくなります。アポイントをとる時や打ち合わせを依頼する時に、「お時間をいただきたいのですが、ご都合はいかがでしょうか」と使うこともできます。

5

お含《ふく》みおき

直接には言わないけれど、相手に理解してもらい、心に留めておいてほしい

× その言葉づかいでは〝損〟をします！

明日から一週間不在となることを、ご了解ください。

○ このように言い換えた方が〝得〟です！

明日から一週間不在となることを、お含みおきください。

○と×は何が違うの？

理解してもらうことへ、こちらの配慮が伝えられるかどうか

解説　○ように、伝えるべき内容を明言しないことで、相手への配慮を表すことができます。何かを断る際に、はっきりと「ダメです」と伝えると不躾な印象を持たれてしまいます。例えば「宿泊予約のキャンセル待ちが出ない場合は、宿泊ができかねることをお含みおきください」というような場面で使うとよいでしょう。×の「ご了解ください」は一方的で上から目線である印象を与えてしまいます。

6 お見《み》知《し》りおき

顔や名前などを記憶しておいてほしい、今後も心に留めてほしい気持ちを伝える

×　その言葉づかいでは〝損〟をします！

初めまして。プレジデント銀行の山下です。

○　このように言い換えた方が〝得〟です！

初めまして。プレジデント銀行の山下です。どうぞ、お見知りおきくださいませ。

○と×は何が違うの？

自分の印象を丁寧に相手に伝えようとしているかどうか

解説　○は「今後もお付き合いが続くことを期待しています」というニュアンスです。×のように、自らの名前を名乗っただけで終わるよりも、「お見知りおきください」と添えることで、相手の記憶に残りやすくなります。「お見知りおきください」と自己紹介された場合には、「こちらこそよろしくお願いいたします」と挨拶をします。**「今後ともお付き合いのほどを」という表現でもよいでしょう。**

7

荷《に》が重《おも》い

能力に対して、責任や負担が重すぎること

×

その言葉づかいでは〝損〟をします！

そのような重責は、私にはできません。

○

このように言い換えた方が〝得〟です！

そのような重責は、私には荷が重い役割です。

○と×は何が違うの？

相手からの依頼に真摯に対応をしようとしているかどうか

解説　○の例は、「経験が浅い」「知識がない」など具体的な理由があって、相手からの依頼に残念ながら応えることができないというニュアンスを含んで伝えることができます。また、実際にその役割を任せてもらったとしても自分では耐えられない、第三者から見ても、困難なことがわかるような状況で使います。**「大役すぎる」という言葉で言い換えることもできます。**

8

切《せつ》に願《ねが》う

心からそうなってほしいと考えていること

×
その言葉づかいでは〝損〟をします！

どうしてもそうしたいと願っております。

○
このように言い換えた方が〝得〟です！

切に願っております。

＼○と×は何が違うの？／

心から強くお願いしたい強い気持ちがあるかどうか

解説　○の例は、真正面からとらえて「絶対こうなってほしい」と願う、〝本気の願望〟といったニュアンスが含まれています。「仮に実現しなかったら、こちらの心が折れる」くらいの思いを込めて伝える表現です。このように言われると、相手も腹をくって願いを聞き入れてくれるでしょう。一方、×の例では、そこまでの気持ちを伝えるには不十分です。

9

お骨《ほね》折《お》り

相手を立てつつ、自分に力を貸してくれるようにお願いすること

×

その言葉づかいでは〝損〟をします！

合同事業のために、お手数ですが、お願いいたします。

〇

このように言い換えた方が〝得〟です！

合同事業のために、お骨折りをいただけないでしょうか。

〇と×は何が違うの？

相手の立場、気持ちになってお願いをしようとしているかどうか

解説　〇の例は、依頼をされた相手に「これから大変なこともある。頑張らなければならない」と前向きな気持ちになってもらうために適した伝え方です。目上の方にひと肌脱いでもらいたい時に、お願いする場合にもよいでしょう。一方、×の「お手数ですが」は、表現としては丁寧ですが、「どうしてもお願いしたい」という気持ちが伝わりにくい恐れもあります。

10

不躾《ぶしつけ》なお願《ねが》い

礼儀作法をわきまえない、無作法なお願いで恐れ入りますがという気持ちでお願いをする時に使われる

×
その言葉づかいでは〝損〟をします!

唐突な依頼にもかかわらず、ご協力を感謝いたします。

○
このように言い換えた方が〝得〟です!

不躾なお願いにもかかわらず、ご協力を感謝いたします。

○と×は何が違うの?

こちらからのお願いを聞いてもらう相手への配慮があるかどうか

解説 ○の例のように、相手にとって唐突だったり、厚かましいと感じられたりする可能性がある内容をお願いした時に使います。また、立ち入ったことを質問する時、自分の不手際で相手にお願いすることをお詫びするような場合にも、お詫びの気持ちを伝えることができます。×のように状況をストレートに伝えるのではなく、こちらの非礼を伝えながら真摯にお礼をしてみましょう。

11

折《お》り入《い》って

特別に、心を込めて人に相談、お願い事をする時に使われる

✕ その言葉づかいでは〝損〟をします！

どうしても、お願いしたいことがあるのですが、

○ このように言い換えた方が〝得〟です！

折り入って、ご相談したいことがあるのですが、

○と×は何が違うの？

心を込めてお願いをする姿勢を示しているかどうか

解説　○の例は、相手を信頼して「あなたではないとダメ」というお願いをしたい時に使われます。「これまで相手に頼んだことがない種類のお願い」をする際に、相手に対して真摯にお願いするような言葉です。×の「どうしても」では、「自分の都合だけで頼んでいる」と受け取られる恐れもあります。**「改めてお願いしたいことがございます」と言い換えてもよいでしょう。**

12

好《こう》意《い》に甘《あま》える

相手の好意ある申し出や、親切な思いを受け入れる

✕ その言葉づかいでは〝損〟をします！

それならば、私も参加させていただきます。

〇 このように言い換えた方が〝得〟です！

ご好意に甘えまして、私も参加させていただきます。

〇と✕は何が違うの？

相手の心遣いを受け止めて感謝する姿勢があるかどうか

解説 〇の例は、相手からの快い申し出や思い、言葉を受け入れる時に使われます。相手が自分を好ましいと思っていることと、自分も相手を好ましいと思っているイメージです。✕のように、親切な申し出を正面から受け止めずに、サラッと流してしまうことがないようにする心構えの違いが、相手の印象を実は大きく左右することになります。

13

お取《と》りなし

うまくはからってもらうこと。「こちらの頼みを聞いてほしい、お願いします」という意味になる

× その言葉づかいでは〝損〟をします！

どうぞ、お助けください。

○ このように言い換えた方が〝得〟です！

どうぞお取りなしのほどをお願いします。

○と×は何が違うの？

へりくだって丁寧にお願いしようとする姿勢があるかどうか

解説　○の例は、「私には難しく自分の力ではどうすることもできないけれど、あなたには力があるのでお願いします」という表現です。×の例のように、ストレートに助けを乞うのではなく、「相手からの思いやり、気配り」に頼って、お願いをする時に使われます。**よしなに、という言葉で言い換えてもよいでしょう。**

14

善《ぜん》処《しょ》

その場に適した対応をすること、片をつけること

× その言葉づかいでは〝損〟をします！

どうぞよろしくお願いします。

○ このように言い換えた方が〝得〟です！

善処していただけますようお願いします。

○と×は何が違うの？

最善の結果になるように、心からお願いしているかどうか

解説　○は、最善の対応をお願いする、切迫した感じを与えます。対応することに心理的なストレスがない、近い関係の相手に使います。どちらかというと前向きに感じ取れますが、「不安な点はあるけれど頑張る」といったニュアンスで使われることも少なくありません。一方、×は、お願いする内容や、伝え方が曖昧で大雑把なので、どのように対処してもらいたいか、○のようにお願いしましょう。

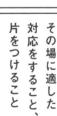

15

お汲《く》み取《と》り

要請や希望に添うことができず、申し出を断わらなければならない場合に使われる。自分の考えを相手に理解してもらう

✕ その言葉づかいでは〝損〟をします！

事情をご理解いただき、ご検討をお願いいたします。

〇 このように言い換えた方が〝得〟です！

事情をお汲み取りいただき、ご検討をお願いいたします。

〇と×は何が違うの？

こちらの考えや状況に沿って理解してほしいと願っているかどうか

解説 〇の例は、こちらの心情を推し量る、斟酌《しんしゃく》をする、「相手が言おうとしていることを理解し、暗黙の内に察する」という意味が込められています。一方、×の例は、事情をわかってほしいということは伝えられますが、「(こちらが) 何を考えて、どのような状況で、理解してもらいたいと申し出ているか」というところまで、伝えるには不十分です。

16 伏《ふ》して

平身低頭、相手に強くお願いする、お詫びする時に使う

×
その言葉づかいでは〝損〟をします！

お時間をいただけますよう、ぜひともお願い申し上げます。

○
このように言い換えた方が〝得〟です！

お時間をいただけますよう、伏してお願い申し上げます。

○と×は何が違うの？

相手に丁寧に強くお願いをしようとしているかどうか

解説　○の例は、お願いの表現の中でも、とりわけ謹んでお願いする時の表現です。リクエストする内容の重大さ、後先がないくらいの切迫感のある時に適しています。逆に言うと、「伏して」は、重要なお願いではない時には使わないようにしましょう。過剰な表現になります。また「お時間を取らせてしまったことを、伏してお詫び申し上げます」と、心からお詫びする時にも使うことができます。

17

ご教授《きょうじゅ》

専門的な技術や知識を教えてもらう、示してもらう時に使われる

✕ その言葉づかいでは〝損〟をします！

部長に教えていただいたおかげで、一人前になれました。

○ このように言い換えた方が〝得〟です！

部長にご教授いただいたおかげで、一人前になれました。

＼○と×は何が違うの？／

教えてもらう相手への敬意が込められているかどうか

解説 ○の例は、専門家や知見を持っている人から、学問や技術を「教えてください」という場合に使います。×の「教えていただいた」でも丁寧な表現ですが、○は教えてもらう内容（専門性）に対しての尊敬の念も含めて伝えることができます。似た言葉の「ご教示」は、比較的簡単な手順や内容、方法や知識を教えてもらう時に使われる、知的な印象を与える言葉です。

18

後《こう》学《がく》のために

のちに自分の役に立つ知識にするために

×
その言葉づかいでは"損"をします！

参考までに、ほかの事例について教えてください。

○
このように言い換えた方が"得"です！

後学のために、ほかの事例について教えてください。

○と×は何が違うの？

相手から学びたい姿勢を示せるかどうか

解説 ○の例は、役立つ知識や学問、体系立てられた知識を学ぶことを示します。それを聞くことで、明快に「何を教えられ、何を得られるか」がわかる場面で使うとよいでしょう。単なる体験談だけを教えてもらう場合にはふさわしくありません。一方、×の例は、聞いて「その内容を役立てよう」というニュアンスは、そこまで含まれていません。

19

力《ちから》不《ぶ》足《そく》

その役目を果たすには能力、実力が足りないこと

×

その言葉づかいでは〝損〟をします！

この仕事がうまくいかないのは、私の役不足のせいです。

○

このように言い換えた方が〝得〟です！

この仕事がうまくいかないのは、私の力不足のせいです。

○と×は何が違うの？

自分の至らなさを示そうとしているかどうか

解説　○の例は、与えられた仕事に対して、実力不足で結果を出せなかったことを表現する場合に使います。また、「力不足ではありますが、一生懸命頑張ります」と意気込みを語る場合にも使うことができます。×の例「役不足」は全く正反対で、その人の実力のわりにはその立場、役割が軽く簡単すぎるという意味です。「力不足」と混同して使っている人がいるので気をつけましょう。

20

過《か》分《ぶん》な

過大であって、自分にはふさわしくない、分不相応な。もったいない

× その言葉づかいでは〝損〟をします！

いいえ、そんなことないです。

○ このように言い換えた方が〝得〟です！

過分なお褒めの言葉、恐縮です。

○と×は何が違うの？

身に余る評価や言葉を謙虚に受け入れているかどうか

解説 ○は相手に褒めてもらっていることに対して、否定しない一方で「はい、そうです」とそのまま受け止めていません。謙遜を意味しながら、相手を否定もしない表現です。「身に余る扱いに対して謙遜するさま」を、へりくだった気持ちで伝える際の表現となります。普段の会話なら、×の「いえいえ」でも言いたいことは伝わりますが、謙虚な姿勢を示す「過分な」を覚えておきましょう。

21

よんどころない

そうするより仕方がない。
やむをえない

✕
その言葉づかいでは"損"をします！

「飲みに行かない？」。すみません、ちょっと難しいです。

〇
このように言い換えた方が"得"です！

「飲みに行かない？」。よんどころない理由でご一緒できません。

○と×は何が違うの？

角が立たないように、やんわり断る配慮があるかどうか

解説 提案を断る時に、こちらに特に断る理由がない場合や、断る理由を言いたくない時に使うとよい言葉です。忌引や病気などプライベートな理由で、相手に理由を明らかにしたくない時にも使うことができます。理由も言わないで断ってしまうと「理由も伝えないで断るのか」と角が立つこともありますが、○の表現を使うことで、相手もそれ以上、断った理由を詮索しなくなるでしょう。

22

不《ぶ》調《ちょう》法《ほう》なもので

（受けたいのだけど）できない。
（やりたいのは
やまやまだけれども）できない。
苦手なことを伝える表現

✕ その言葉づかいでは〝損〟をします！

（お酒の席で）苦手なので申し訳ございません。

○ このように言い換えた方が〝得〟です！

（お酒の席で）不調法なものですから、申し訳ございません。

○と×は何が違うの？

角が立たずに断ることができるかどうか

解説 日本語は、同じことを伝える場合でも、使う言葉次第で相手に与える印象が大きく変わります。○の「無調法」には、「自分の非や、不慣れなことを認めている」というニュアンスが含まれているので、角が立ちにくい言葉です。相手に不快感を与えないで上手に受け流すことができると随分と楽になるかもしれません。

23

甘《かん》受《じゅ》する

「仕方なく受ける」「不十分であっても認める」という意味

×
その言葉づかいでは〝損〟をします！

先方からの批判を仕方がないから受け入れる。

○
このように言い換えた方が〝得〟です！

先方からの批判を甘受する。

○と×は何が違うの？

仕方のないことを、受け止める姿勢があるかどうか

解説　○の例は、「満足はしていないが」というニュアンスで、内容や事柄について完璧に納得したわけではないが、今回は大目に見て仕方なく受け入れる、という意味で用いられます。受け入れることは確かであるが、本心から完全に認めたわけではないという、妥協の気持ちが込められた表現となります。×の「仕方がないから」という言い方よりも、ワンランク上の「大人の表現」となります。

24

誠《まこと》に不本意《ふほんい》ではございますが

申し訳ございません、私が望んでいることとは違いますが

× その言葉づかいでは“損”をします！

私の考えとしては、今回は辞退させていただきます。

○ このように言い換えた方が“得”です！

誠に不本意ですが、今回は辞退させていただきます。

○と×は何が違うの？

相手への思いやりがあるかどうか

解説　○は、相手の期待に沿うことができない結果を伝える場合に使う言葉です。「不本意」は、「～は、私が望んでいることではないのですが」という意味です。本当はネガティブな感情を持っている時でも、不本意な気持ちをスムーズに伝えることができれば、角が立ちません。ビジネスシーンでも大変役立ちます。×のように、ストレートに伝えるのは避けたほうがよいでしょう。

25

今度《こんど》はぜひ、誘《さそ》ってください

相手からの誘いを断りつつ、前向きな気持ちを伝える定型的な言葉

×　その言葉づかいでは〝損〟をします！

その日は都合がつきません。

○　このように言い換えた方が〝得〟です！

その日は都合がつきません。今度はぜひ、誘ってください。

○と×は何が違うの？

お誘いを丁寧に断ろうとする気持ちがあるかどうか

解説　誘われた話を断る時に、丁寧に理由を伝えた後に○のように続けることで、相手の気分を害することもなくなります。参加できない理由を細かく伝えなかったとしても、このように伝えることで、断った理由を詮索されることもなくなります。「断ったら相手に失礼」といった思い込みや「嫌われたくない」という恐れがあるのかもしれませんが、相手の誘いを上手に断る言葉を覚えましょう。

第 5 章

誠意がしっかり伝わる「お詫びの言葉」「感謝の言葉」

1

面目《めんぼく》ありません

恥ずかしくてその人の前に姿を見せられない、合わす顔がない、といった意味

✕ その言葉づかいでは〝損〟をします！

大変なご迷惑をかけてしまいました。

〇 このように言い換えた方が〝得〟です！

大変なご迷惑をおかけし、面目ありません。

＼〇と×は何が違うの？／

自分を客観的に見て、反省している姿勢があるかどうか

解説　面目とは世間に対する名誉のことです。〇の例は、世間の評価、自他ともに評価が下がるということをよく自覚し、深く反省をしているという表現です。一方、×の例は、そこまで評価を落としていることをわかっているか、伝わりません。深く反省している姿勢は〇の表現で伝えるとよいでしょう。

2

陳《ちん》謝《しゃ》いたします

わけを言って謝ること

×　その言葉づかいでは〝損〟をします！

この度の件につきまして、お詫びします。

○　このように言い換えた方が〝得〟です！

この度の件につきまして、陳謝いたします。

○と×は何が違うの？

丁寧な謝罪をしている姿勢があるかどうか

解説　○の例は、問題となっている点について包み隠さずお話しし、謝る、説明してお詫びするという意味です。一方、×の例は、何について、どの程度謝っているのかわからない、何が起こっているかがわからない表現です。きちんと謝罪する時は、○の表現を使ってみると誠意が相手に伝わりやすくなります。

3

肝《きも》に銘《めい》じます

強く心に留め、決して忘れないようにする

×
その言葉づかいでは〝損〟をします！

深く反省します。

○
このように言い換えた方が〝得〟です！

肝に銘じます。

○と×は何が違うの？

次に過ちを繰り返さない姿勢が伝わるかどうか

解説　○の例は、反省するべき内容をまさに五臓六腑で受け止める、100%真摯に受け止めるという意味です。一方、×の例は、何について、どの程度、どう反省しているのかわからない表現です。**「胸に刻む」「心に刻み込む」と言い換えることもできます。**

4

認《にん》識《しき》不《ぶ》足《そく》で

理解が足りなかったという意味

×　その言葉づかいでは〝損〟をします！

私は知りませんでした。早急に確認してみます。

○　このように言い換えた方が〝得〟です！

私の認識不足でした。早急に確認してみます。

○と×は何が違うの？

真摯に謝っている姿勢が伝わるかどうか

解説　○の例は、問題が起きたとしたら、なぜ起きたのか？　どうして起きたのか？　経緯など本質を理解できていなかった、という表現です。一方、×の例は、「知っているか」「知らないか」もよくわからずに、漫然と返答している状況です。○の例とは謝意の深さが違います。

5

申《もう》し開《ひら》きのできないことです

相手から非難を受けたり疑惑を招いたりした事柄について、何ら正当性はないこと

× その言葉づかいでは〝損〟をします！

このようなミスをしてしまい、言い訳できません。

○ このように言い換えた方が〝得〟です！

このようなミスをしてしまい、申し開きのできないことです。

○と×は何が違うの？

保身に走らず心から反省している姿勢があるかどうか

解説　○の例にある「申し開き」は、反省とは意味が違い、期待していた結果は出なかったが、そこに至る過程では悪いと思わなかった、と説明する行為です。「申し開きできない」は本来は説明できるはずが、それすらできない状況です。一方、×の例の「言い訳」は、タラレバを言うだけ。自分に都合がいい、保身です。

6

お恥《はず》ずかしい限《かぎ》りです

恥じ入ること

×

その言葉づかいでは“損”をします！

不手際に気づかず、すみません。

○

このように言い換えた方が“得”です！

不手際に気づかず、全くお恥ずかしい限りです。

○と×は何が違うの？

良識があるかどうか

解説 ○の例は、自分には恥ずかしいと思う認識があるということを表し、良識、美意識があることがわかります。自分をもっていてもダメだと思っている。一方、×の例は、その人に良識があるかどうかわかりません。

7

やむをえず

心ならず

×　その言葉づかいでは"損"をします！

予算がなかったが、企画は仕方なく継続しました。

○　このように言い換えた方が"得"です！

予算がなかったが、企画はやむをえず継続しました。

＼○と×は何が違うの？／

諸々の事情により、できなかったということを伝えられるかどうか

解説　○の例の「やむをえず」の中の、「やむ」は「やめる」ことを指します。やめることができない＝「やむをえず」という意味になります。その行為を止めるという選択肢もあったのだけれど、やめることができず続けたというニュアンスを示します。一方、×の例の「仕方なく」は、ほかにやり方が思いつかなかった、という考えを示すのみとなります。

8

考《かん》え及《およ》びもませんでした

思いつかなかった、考えつかなかった

✕ その言葉づかいでは〝損〟をします！

凡人の私は、考えもしませんでした。

〇 このように言い換えた方が〝得〟です！

凡人の私には、考えも及びませんでした。

〇と×は何が違うの？

相手への称賛や敬意の念があるかどうか

解説 〇の例は、「あなたはすごい！」「そこまで考えられるなんて」という相手の思考、気づきへの尊敬や称賛がある表現です。一方、×の例は相手への称賛の気持ちがなく、単に自分に起きた事実だけを伝えています。

9

非《ひ》礼《れい》の数《かず》々《かず》

無礼なこと、
失礼なこと

×
その言葉づかいでは〝損〟をします！

失礼なことの数々、お許しください。

○
このように言い換えた方が〝得〟です！

非礼の数々、お許しください。

○と×は何が違うの？

起きている事柄を理解して謝罪しているかどうか

解説 ○の例は、相手に嫌な感情を与えてしまったことを自分も認識しています。ネガティブなことが具体的に起こっている状態です。一方、×の例は、相手が嫌かどうか、こちらは認識していない状態で発せられた言葉です。ですから、「何が」非礼なのか、具体的なことは認識していないというイメージを与えてしまいます。

10

猛《もう》省《せい》して

心から反省していること

× その言葉づかいでは〝損〟をします!

反省しています。

○ このように言い換えた方が〝得〟です!

猛省しております。

○と×は何が違うの?

最大限に反省している様が伝わるかどうか

解説 ○と×では、反省している強さが違います。○の例は、起こしてしまったことについて深く反省しています。ですから、たいした反省ではない時には使いません。例えば、「メールに添付ファイルを付け忘れた」→「反省しています」「メールで間違えて、他人の資料を添付ファイルで送ってしまった」→「猛省しております」となります。

11

ご指《し》摘《てき》のとおり

至らないところを
教えていただいて、
ありがとうございます
と敬意を持って伝える

×
その
言葉づかいでは
〝損〟をします！

おっしゃるとおり、説明が足りませんでした。

○
このように
言い換えた方が
〝得〟です！

ご指摘のとおり、説明が足りませんでした。

○と×は
何が違うの？

ある事柄を
正確に
把握できているか
どうか

解説　○の例のように返答すると、相手から教えてもらった内容や問題点を、「はっきりと把握できている」ことを伝えられます。指摘の内容に、真摯に対応しようとするイメージです。一方、×の例は、自分も相手も、お互いに指していることが曖昧で、全体のことをぼんやりと言っています。

12

これに懲《こ》りずに

これで嫌だとは思わずに、懲りたりせずに

× その言葉づかいでは〝損〟をします！

これからもご参加ください。

○ このように言い換えた方が〝得〟です！

これに懲りずに、次回もご参加ください。

＼○と×は何が違うの？／

状況を把握し、相手を気遣う姿勢があるかどうか

解説 ○の例は、相手にとって不快なことがあったような時、いろいろな状況を鑑みて、不愉快なことがあったのではないか、と気遣っています。また、相手をお誘いするのに、相手から積極的にイエスをもらいたいシチュエーションの時に用います。一方、×の例は、フォーマリティーが低く、相手への気遣いについて全く言及されていない表現です。

13

言葉《ことば》が足《た》りない

説明が十分でない。
また、ものの言い方がまずい

×

その言葉づかいでは〝損〟をします！

それは説明不足だったかもしれません。

○

このように言い換えた方が〝得〟です！

それは言葉が足りなかったかもしれません。

○と×は何が違うの？

自らの至らない点を具体的に把握しているかどうか

解説　○の例は、説明すべきところを説明しなかった。足りなかった部分を特定している場合、あるいはある言い方がまずい、と具体的に自覚している場合に使います。一方、×の例は、なんだかよく伝わらなかった……という時に使い、何が原因なのか、何が悪かったのかが伝わりません。

14

意《い》を尽《つ》くす

意味や内容、
考えを全て言い表す。
また、よくわかるように
丁寧に言う

× その言葉づかいでは〝損〟をします！

わかりづらいところがありました。

○ このように言い換えた方が〝得〟です！

（私の言葉に）意を尽くせないところがございました。

＼○と×は何が違うの？／

努力したが至らなかったことが伝わるかどうか

解説 ○の例は、前提として自分の感じ方、考え方、熱意、期待などがあり、それを伝えようと力を尽くしたがダメだった、という表現です。一方、×の例は、自分の感じ方、考え方、熱意、期待などがあるとは限りません。または、そこまでではない場合の表現です。

15

失《しつ》念《ねん》する

物忘れする。うっかり忘れる

× その言葉づかいでは〝損〟をします！

すみません、忘れてしまいました。

○ このように言い換えた方が〝得〟です！

すみません、失念しておりました。

○と×は何が違うの？

丁寧に反省している姿勢があるかどうか

解説　○の例は、覚えていなければならないことを忘れてしまった時に使います。ニュアンスとしては、忘れてしまったことで自分を責めているといったこともあります。一方、×の例は、まさにその事実だけを表しており、自責の念は伝わりません。

16

お眼《め》鏡《がね》にかなう

目上の方に気に入られる。実力を認められる

× その言葉づかいでは〝損〟をします！

お勧めした商品を気に入っていただき、うれしいです。

○ このように言い換えた方が〝得〟です！

お勧めした商品がお眼鏡にかない、うれしく存じます。

○と×は何が違うの？

相手への敬意が込められているかどうか

解説　○の例は、相手に審美眼があること、あるいは尊敬の念を表し、自分がその基準にかなったと喜んでいることも伝えています。一方×は必ずしも、目上ではなく、相手に審美眼があるともないとも言っていません。

17

お礼《れい》の言《こと》葉《ば》もありません

感謝の度合いが強すぎて、
感謝を表しきれない

✕ その言葉づかいでは“損”をします！

本当にありがとうございます。

○ このように言い換えた方が“得”です！

お礼の言葉もありません。

○と✕は何が違うの？

深く感謝しているかどうか

解説 ○の例は、「ありがとうございます」をはるかに超えている感謝の気持ちを表しています。深く感謝をしていて、心からお礼の気持ちを伝えたい時に、○の表現がお勧めです。一方、✕は深い感謝の気持ちを表現するのにはやや物足りない印象です。

18

ご愛《あい》顧《こ》いただき

贔屓にしてもらう

×

その言葉づかいでは"損"をします!

いつもご利用いただきありがとうございます。

○

このように言い換えた方が"得"です!

ご愛顧いただきありがとうございます。

○と×は何が違うの?

特別に接してもらっていることに謝意を込めているかどうか

解説　○の例は、相手が特別な気持ちを持って使っているということを表現しています。贔屓《ひいき》にしてもらったり、愛着を感じてもらったりしていることにお礼の気持ちを述べています。一方、×の例は、相手がとりわけそれを気に入っているというニュアンスがありません。

19

薫《くん》陶《とう》を受《う》ける

人徳や品格のある人から影響され、人格が磨き上げられる

✕ その言葉づかいでは〝損〟をします！

山田先生のアドバイスのおかげで成功しました。

〇 このように言い換えた方が〝得〟です！

山田先生のご薫陶のおかげで成功しました。

◯と×は何が違うの？

相手の人格も含めて、敬意を伝えているかどうか

解説　◯の例は、あらためて相手への敬意や尊敬の念を表現できる言葉です。また、尊敬する相手の能力だけでなく人格者でもあることを表しています。一方、×の例は、相手への敬意を示すのには不十分な印象です。

20

頭《あたま》が下《さ》がる

相手に敬服する、感服すること

✕ その言葉づかいでは〝損〟をします！

彼は毎朝、公園を掃除している。本当にすごい。

〇 このように言い換えた方が〝得〟です！

彼は毎朝、公園を掃除している。頭が下がる思いだ。

〇と×は何が違うの？

相手の人格も含めて敬意を伝えているかどうか

解説 〇の例は、よほどのこと、並大抵のことではないことを表しています。相手に敬服の念を抱いて、または、その人自身に高い評価をしているという表現です。一方、×の例は、自分の気持ちを伝えるだけで、相手の行ったことや相手の人格への尊敬の念を表しているわけではありません。

21

痛《いた》み入《い》る

恐縮する。
ほかの人からの好意、
親切に感謝の気持ちを表す

✕

その言葉づかいでは〝損〟をします！

そこまで配慮いただき申し訳ありません。

〇

このように言い換えた方が〝得〟です！

そこまで配慮いただき痛み入ります。

〇と×は何が違うの？

深く感謝している姿勢が伝わるかどうか

解説　〇の例は、普通の人はそこまでやってくれないので恐縮しているという意味です。一方、×の例は、言葉の使い方がそもそも違います。相手の配慮に対してお詫びはしません。その違いに気づかずに多用されている表現です。

22

足《あし》を向《む》けて（眠《ねむ》れません）

大変世話になった人に
失礼なことはできないという
心からの感謝の気持ちを示す

✕ その言葉づかいでは〝損〟をします！

さんざんお世話になり感謝しております。

〇 このように言い換えた方が〝得〟です！

大変お世話になり、足を向けて眠れません。

〇と×は何が違うの？

最大限に感謝している気持ちを伝えられるかどうか

解説 〇の例は目上、地位の高い人に想定以上の何かをしてもらい、相手に対する感謝の念と恐れ多い感じを表現します。身に余る厚意を受けた時に使います。×でも感謝の気持ちは伝わりますが、心からのお礼の気持ちを伝えたい時は、〇の例がよいでしょう。

23

広《ひろ》いお心《こころ》に救《すく》われました

寛大な対応をしていただいて、感謝の気持ちを伝える言葉

×

その言葉づかいでは〝損〟をします！

助けていただいて、ありがとうございました。

○

このように言い換えた方が〝得〟です！

広いお心に救われました。ありがとうございました。

○と×は何が違うの？

自分を救ってくれた相手への深い感謝の気持ちがあるかどうか

解説 ○は、こちらが失敗を犯してしまったことについて、寛大な対応をしてくれた人に、心から感謝の意を示す時に使います。×のように、助けてもらったことに直接、お礼を伝えるのも間違った対応ではありませんが、○の例は、自分のことを思って、いろいろな観点から助け舟を出してくれたことに対して、相手の人格や行動全てにお礼の気持ちを伝えるようなイメージです。

24

ご高《こう》配《はい》いただき

目上の人や立場が上の人、取引先などに、相手の心配りについて敬意を表す言葉

✕ その言葉づかいでは〝損〟をします！

この度の身に余るご配慮に感謝いたします。

○ このように言い換えた方が〝得〟です！

この度の身に余るご高配に感謝いたします。

○と×は何が違うの？

目上の方からの配慮に敬意を持って対応しているかどうか

解説 ○は、自分よりも目上の方に対して、こちらへの配慮について使う言葉です。ビジネスシーンにおいて、挨拶やメールなどの文書の冒頭では、「平素は格別のご高配を賜り……」までが定型文としてよく用いられています。基本的にはメールや手紙など文書の中で用いる言葉で、話し言葉として使うことはほとんどありませんが、目上の方からの配慮へ敬意を示す表現として覚えておきましょう。

25

貴重《きちょう》なお話《はなし》を聞《き》かせていただき

こちらのためになる話を
聞かせてもらった時に
感謝の意を表す

× その言葉づかいでは〝損〟をします！

役立つ情報を教えていただき、恐れ入ります。

○ このように言い換えた方が〝得〟です！

貴重なお話を聞かせていただき、恐れ入ります。

○と×は何が違うの？

相手の好意に
丁寧にお礼をする
姿勢があるか
どうか

解説　目上の人や、仕事で関係する取引先などから、ノウハウや情報などを教えていただいた時に、どのようにお礼をするかは、とても大切です。「この人には、また何か教えてあげたい」と思ってもらえるような、感謝の意を伝えられるように心がけましょう。×の例のように、「自分にとって役に立つ」話であったとしても、聞かせていただいたことへのお礼を丁寧に伝えるようにしたいものです。

第 6 章

よりよい人間関係を築くための「気遣いの言葉」

1 あやかる

めでたいこと、幸福な人に似て自分も幸福に恵まれるように願うこと

×
その言葉づかいでは"損"をします！

お仕事順調なようですね。いいですね。

〇
このように言い換えた方が"得"です！

お仕事順調なようですね。私もあやかりたいです。

〇と×は何が違うの？

相手への賛辞や敬意が伝わるかどうか

解説 〇の例は相手の成功、幸せを認め、素晴らしいという賛辞です。これは必ずしもそれになりたいとか、やりたいということではありません。一方、×の例は、相手に対する敬意は表現していません。「自分にもちょうだい」、あるいは「自分なんてどうせ……」と自分を卑下する少々品格に欠けるニュアンスがあります。

2

懐《ふところ》が深《ふか》い

度量が広い。
包容力がある

× その言葉づかいでは〝損〟をします！

あの方は本当にいい人です。

○ このように言い換えた方が〝得〟です！

あの方は本当に懐が深い人です。

解説 ○の例は、なんでもうかつに許すわけではなく、きちんと物事を見極めて受け入れる人のことを表します。一方、×の例は、その人の主体性はほとんどなく、流されるままに受け入れてしまう感じを受けます。

○と×は何が違うの？

相手の人格も含めて敬意を伝えているかどうか

3

草《くさ》分《わ》け

その分野である物事を初めて行うこと。またその人。パイオニア

✕

その言葉づかいでは〝損〟をします！

先生はあの分野ではそれを最初にした人です。

〇

このように言い換えた方が〝得〟です！

先生はあの分野では草分け的存在です。

〇と×は何が違うの？

先達への最大限の敬意が伝わるかどうか

解説　〇の例は、とても難しいことを行った人である、という相手への尊敬の念が伝わります。そのプロセスには長い間日の目を見ずにいたことへの努力の痕跡も込められています。一方、×の例は、単なる事実を示しています。

4

真《しん》骨《こっ》頂《ちょう》

その人の真価。
その人本来の力

×
その言葉づかいでは“損”をします！

あのプレゼンこそ、彼の一番得意とするものだ。

○
このように言い換えた方が“得”です！

あのプレゼンこそ、彼の真骨頂だ。

＼○と×は何が違うの？／

相手を褒め称え、またその感動を伝えられるかどうか

解説　○の例は、本来彼はそんな力を持っている、彼にとってはそうなることは当然だというような力を褒め称えた表現です。その力がみんなの目に触れたという晴れ晴れとした気持ちや高揚感が伝わります。一方、×の例は、意味は合っていますが、高揚感や感動は伝わりにくいです。

5

お株《かぶ》を奪《うば》う

他人の得意なことをやってしまうこと

×

その言葉づかいでは〝損〟をします！

彼は西村さんよりうまくてびっくりしたね。

○

このように言い換えた方が〝得〟です！

彼は西村さんのお株を奪ったね。

○と×は何が違うの？

これまでの経緯を一変させることであると伝わるかどうか

解説　○の例は、ある程度の期間、その分野はこの人がナンバーワンだという評価が、あってそれを超えるパフォーマンスを誰かがした時に使う表現です。一方、×の例は、そこまでの歴史、経緯を感じさせません。

6

遜《そん》色《しょく》ない

見劣りしない、負けていない、品質などが同程度である

× その言葉づかいでは〝損〟をします！

こちらの商品のほうが、値段は安いものの悪くない。

○ このように言い換えた方が〝得〟です！

こちらの商品のほうが、値段は安いものの遜色ない。

○と×は何が違うの？

自分のスタンダードをどちらがより良いか自ら判断して比較できているかどうか

解説　○は確固たる地位のものと比べて、少しも見劣りしない、引けをとらないという意味です。一方、×の例は何かと比べる、といった基準値はありません。比較して、両方が同じ程度ということを表現する時は、○の例を使うとよいでしょう。

7

圧巻《あっかん》

全体の中で
最も優れている部分。
ほかのものと比べて
はるかに優れている

×

その言葉づかいでは〝損〟をします！

彼のプレゼンのつかみはものすごかった。

○

このように言い換えた方が〝得〟です！

彼のプレゼンのつかみは圧巻だった。

○と×は何が違うの？

ある分野において知見や自分なりのスタンダードがあるかどうか

解説　○は、ある基準があって、それをはるかに超えたものを見せつけられた時に使います。例文では、プレゼン全体の中でも、特に最初の〝つかみ〟が良かったことを示しています。一方、×の例は、「全体の中でどこが特に良い」というニュアンスがありません。

8

たしなむ

何かを好んで親しむ

×

その言葉づかいでは“損”をします！

日本酒は、まあまあいけます。

〇

このように言い換えた方が“得”です！

日本酒はたしなむ程度に飲みます。

〇と×は何が違うの？

謙遜して自分を控えめに語る姿勢があるかどうか

解説　〇の例は、日常的にそれをする、身近に行う場合に使います。このように、日本語の特徴として、自分のことを伝える時に、〇の例のように、謙譲表現を用いると、フォーマリティーがあるということになります。一方、×の例は、単にお酒をどれくらい飲むのかについて触れているに過ぎません。

9

板《いた》につく

積み重ねの結果として立場や境遇が似合ってくる、または、ふさわしい技術が身につくこと

×
その言葉づかいでは“損”をします！

長田くん、営業マンらしくなってきましたね。

○
このように言い換えた方が“得”です！

長田くん、営業が板についてきましたね。

○と×は何が違うの？

これまでのプロセスや努力の跡を伝えられるかどうか

解説　○の例はポジティブな意味が含まれ、きちんとできている、これまで研鑽を積んでいるという褒め言葉です。一方、×の例は、これまでの努力などをふまえて言っているようには伝わらず、今の状態だけ表現しているに過ぎません。

10

研《けん》鑽《さん》を積《つ》む

学問などを深く研究すること

×
その言葉づかいでは“損”をします！

マーケティングについては勉強してきた。

○
このように言い換えた方が“得”です！

マーケティングについては研鑽を積んできた。

○と×は何が違うの？

ある分野について広く深く学び、努力を続けてきたかどうか

解説　○の例は、ある分野において深く追求し、その結果を出していることです。例えばマーケティングについて研鑽するとは、日頃のマーケティング業務をし続けるだけでなく、マーケティングについて本を読む、セミナーを受ける、またその背後にある心理学やマクロ経済まで知識を身につけたりすることです。一方、×の例は、そこまでの深さはなく、ただ本を読んだりするだけです。

11

冥利《みょうり》に尽《つ》きる

ある人がその立場にいる者として、非常に大きな幸福を感じること

×
その言葉づかいでは〝損〟をします！

講師として超うれしい。

○
このように言い換えた方が〝得〟です！

講師冥利に尽きる。

○と×は何が違うの？

相手のお役に立ち、なおかつそれを名誉だと思っているかどうか

解説　○の例は名誉と実利が両方得られる状況で、明らかな結果が出ている場合に使えます。×は、名誉や実利を得られた感じを伝えるには、表現としては不十分です。教える立場の人などの喜びや達成感を伝えるなら、○の例がお勧めです。

12

散《さん》財《ざい》をかける（散《さん》財《ざい》をおかけする）

いろいろなことで金銭を多く費やすこと

✕ その言葉づかいでは“損”をします！

とんだご負担をおかけしました。

〇 このように言い換えた方が“得”です！

とんだ散財をおかけしました。

〇と✕は何が違うの？

相手が主体的にお金をかけたかどうか

解説　〇の例は、「何かよくしてもらった」時に使う表現です。例えば、食事をごちそうになって相手に感謝の気持ちを伝える時に使うとよいでしょう。✕の例は、相手が望んで金銭を負担したかどうかまでは伝わりません。

13

目《め》の保《ほ》養《よう》となる

美しいものや、
きれいなものを見て楽しむこと

✕ その言葉づかいでは〝損〟をします！

素晴らしい。

〇 このように言い換えた方が〝得〟です！

目の保養をさせていただきました。

解説 〇の例は、視覚情報によって精神面も満たされた時に「相手」「なにかの対象」のおかげで、こちらにいい影響がもたらされたことをも伝えることができます。反対に、×の例は「相手のおかげで」というニュアンスを含めて伝えることができません。

〇と×は何が違うの？

視覚的情報によって満足を得られたことを伝えられるかどうか

14

健《けん》啖《たん》家《か》

食欲旺盛で、
好き嫌いすることなく、
たくさん食べる人

✕ その言葉づかいでは〝損〟をします！

たくさん食べる人がいるからご馳走を用意しておこう。

○ このように言い換えた方が〝得〟です！

健啖家がいるからご馳走を用意しておこう。

○と×は何が違うの？

相手が健康であることを肯定的にとらえられるかどうか

解説 ○の例は、健康でよく食べる、食欲を否定する要因がないなど、肯定的なニュアンスが含まれた表現です。一方、×の例はたくさん食べる人に対して、「食欲旺盛」「好き嫌いのない」という、よいイメージは含まれていません。

15

したり顔《がお》

何かを成し遂げて、得意な顔でいること。してやったという顔つき、自慢そうな顔

×

その言葉づかいでは〝損〟をします!

「新車を買った」と、ドヤ顔で言っていたよ。

○

このように言い換えた方が〝得〟です!

「新車を買った」と、したり顔で言っていたよ。

解説　どちらも他人から言われると、否定的な意味にはなるのですが、真意が異なります。○の例は、自分で悦に入って酔いしれる、本人にしかわからない自己満足の意味が込められています。一方×は、みんなに喧伝している、みんなに認められたいという気持ちが前面に出ている表現になります。

○と×は何が違うの?

周りの人から認められている気持ちがあるかどうか

16

教養《きょう》《よう》がある

社会生活を営む上で必要な文化に関する広い知識

×
その言葉づかいでは〝損〟をします！

山本さんは知識が豊富で頭がいい。

○
このように言い換えた方が〝得〟です！

山本さんは知識が豊富で教養がある人だ。

○と×は何が違うの？

文化的な知識があるかどうか

解説　社会人にとって、「頭がいいけれども、教養がない人」というのは、褒められたものではありません。残念ながら、日本人にはそういう人が少なくないようです。欧米ではエリート＝教養人であり、無教養、つまり文化的な素養がない人は認めてもらえません。語彙力と教養度は一致します。教養は、文学はもちろん、歴史、科学、社会事象などさまざまな分野から得られるものだからです。

17

精《せい》彩《さい》を欠《か》く

ぱっとしない、冴えない様子。調子がよくない感じ

× その言葉づかいでは〝損〟をします！

あの俳優さんこの頃、イケていないなぁ。

○ このように言い換えた方が〝得〟です！

あの俳優さんこの頃、精彩を欠いているなぁ。

○と×は何が違うの？

オーラのような輝きを失ったことが伝わるかどうか

解説　○の例は、特に「人から見られる」「注目される」立場の人が、オーラのようなものがなくなってきている場合に使います。「精彩」は「その人の輝き」を意味しています。一方、×の例は、冴えない様子を伝える表現としては漠然としています。

18

そぐわない

似つかわしくない。
つり合わない

×

その言葉づかいでは〝損〟をします！

現状に合わない要求だ。

○

このように言い換えた方が〝得〟です！

現状にそぐわない要求だ。

○と×は何が違うの？

何かと何かが釣り合わないことが伝わるかどうか

解説　「そぐわない」はビジネスシーンなどでは、比較的よく使われる言葉のひとつです。○の例は、その状況にはつり合いがとれない、似つかわしくないという表現です。×の例は合致しない、という意味です。

19

虚《きょ》虚《きょ》実《じつ》実《じつ》

互いに策略の全てを出して、全力で戦うこと。または、嘘と真実を織り交ぜながら、互いに腹の内を探り合うこと

✕ その言葉づかいでは"損"をします！

泥仕合の駆け引きが行われている。

〇 このように言い換えた方が"得"です！

虚虚実実の駆け引きが行われている。

〇と✕は何が違うの？

戦略的に戦っていることが伝わるかどうか

解説 〇の「虚虚実実」は、お互いがあの手この手で戦っていることを表現する言葉で、相手の細かいところまで把握して真意を見抜き、力を尽くして競い合っているようなイメージです。一方、✕の「泥仕合」は、総力戦・全力を尽くして戦うという意味が伝わらない、何でもありで行っている意味です。

20

邪《じゃ》悪《あく》な

心がねじ曲がって悪いこと、人倫に反すること

✕ その言葉づかいでは〝損〟をします！

それはよくないやり方だな。

○ このように言い換えた方が〝得〟です！

それは邪悪なやり方だなぁ。

＼○と×は何が違うの？／

悪い印象にウィットを込められるかどうか

解説　○の例は、言葉のインパクトを出しているだけで、あまり直接性を感じさせず、その人を否定している感じがあまりしません。×のように、ストレートに「よくない」と伝えるのではなく、ちょっとユーモアを出したい時にお勧めの表現です。

21

一《いち》縷《る》の望《のぞ》み

「一縷」とは、1本の糸、
または糸のように
細いもののこと。
「一縷の望みを残す」のように
「望み」とセットで用いられる

×

その
言葉づかいでは
〝損〟をします！

この治療にわずかばかりの希望をかけよう。

○

このように
言い換えた方が
〝得〟です！

この治療に一縷の望みをかけよう。

○と×は
何が違うの？

自らの責任で
結果に臨む
姿勢があるか
どうか

解説　○の例は、こちらが切に願っている、成否はこちら側にある、ということが表れています。一方×の例は、相手がこちらの希望に応えられないかもしれない、相手に責任があるというニュアンスを与えてしまう表現です。

22

神《しん》色《しょく》自《じ》若《じゃく》

重大事に直面しても少しも顔色を変えず、落ち着いている様。「神色」は精神と顔色。「自若」は心がいつもと同じこと

×

その言葉づかいでは〝損〟をします！

大舞台で事に動じないのはさすがだ。

○

このように言い換えた方が〝得〟です！

大舞台で神色自若としているのはさすがだ。

○と×は何が違うの？

泰然自若とした様子が伝わるかどうか

解説　○の例は、予想外のことがあっても、心も顔つきも動じていないという意味です。一方、×の例は、表面も内面もという意味はなく、態度だけ動じていないという意味です。

23

いぶかしがる

変なところがあって納得がいかない。疑わしい。不審だ

×

その言葉づかいでは〝損〟をします！

彼が言ったことは本当かどうか、わからない。

○

このように言い換えた方が〝得〟です！

彼が言ったことは本当なのかといぶかしがる。

○と×は何が違うの？

納得がいかない気持ちを丁寧に伝えられるかどうか

解説　○の例は、変なところがある、つじつまが合わない感じがするという意味です。主体が自分にあります。一方、×の例は、真偽は相手次第。また、疑わしいよりわからない、というニュアンスがあります。

24

辛《しん》抱《ぼう》強《づよ》い

根気強く、物事をやり遂げる

✕ その言葉づかいでは〝損〟をします！

森さんは忍耐力があるので、リーダーに適している。

〇 このように言い換えた方が〝得〟です！

森さんは辛抱強いので、リーダーに適している。

〇と×は何が違うの？

称賛したい相手のよさをより深く伝えられるかどうか

解説 〇は、決めたことを最後までやり遂げる人を称えるニュアンスを伝えるのに適しています。×のように伝えることも悪くはありませんが、「辛抱強い」と褒めることで、困難な状況に陥ったとしても、ただ耐えるだけではなく、アイデアを出したりトライ＆エラーを繰り返したりしながら、ゴールまでたどり着ける人を称えることができます。

25

論《ろん》理《り》的《てき》ですね

考え方がロジカルで、整合性がある（ことを褒める時に使う表現）

×

その言葉づかいでは〝損〟をします！

石川さんの意見は、いつもいい発想ですね。

○

このように言い換えた方が〝得〟です！

石川さんの意見は、いつも論理的ですね。

○と×は何が違うの？

相手の良さをより効果的に褒めようとしているかどうか

解説 ○は相手の意見に、知性が感じられたり、ほかにはない着眼点から結論を出していたりする場合に、「褒める」フレーズとして適しています。人から褒められて悪い気がする人はほとんどいないと思いますが、単に「頭がいい」「発想がいい」と言われるよりも、「論理的」と伝えるほうが、褒め言葉として効果的なことが少なくありません。

第 7 章

打ち合わせや
会議で使うと
「仕事がはかどる言葉」

1

意《い》に沿《そ》う

希望や要求に応える相手の期待通りに取り組むことを伝える時に使う

× その言葉づかいでは〝損〟をします！

社長に合わせて行動します。

○ このように言い換えた方が〝得〟です！

社長の意に沿って行動します。

○と×は何が違うの？

相手への配慮が伝わるかどうか

解説　○の例は、思っていることや気持ちを汲み取って、それに応えることです。言われたことだけをするのではなく、言われていないことも気を配って行います。×の例は、気持ちを汲み取るまではいきません。表に出ている行動に沿うことです。

2

勘《かん》案《あん》する

いろいろ考え合わせる。全てを調べてからよく考えること

× その言葉づかいでは"損"をします！

今の状況を考えると、今回の計画変更は仕方ない。

〇 このように言い換えた方が"得"です！

今の状況を勘案すると、今回の計画変更は仕方ない。

＼〇と×は何が違うの？／

客観的考えが含まれているかどうか

解説 〇の例は、いろいろな面から観察してみると結論はこうなるという、客観性のある表現です。様々な条件を視野に入れて判断する、という場合に使います。一方、×の例は、あくまでも自分だけの考え、主観的なニュアンスになります。

3

機《き》先《せん》を制《せい》する

相手より先に行動して、その計画・気勢をそぐ

× その言葉づかいでは〝損〟をします！

次の会議では一気に頑張らないとなかなか難しいね。

○ このように言い換えた方が〝得〟です！

次の会議では機先を制しないとなかなか難しいね。

○と×は何が違うの？

先を見越して取り組む姿勢があるかどうか

解説　○の例は、先手必勝、先手を打って相手をコントロールしてしまうという明確な意味があります。仕事でライバルよりも上の結果を目指す時などに、競争を有利にするために、相手より先に行動する時に使います。一方×の例は、何をするのか明確にするのかわかりません。

4

看《かん》過《か》できない

問題を見過ごすことができない

✕ その言葉づかいでは〝損〟をします！

人口減少の問題は見逃せない。

〇 このように言い換えた方が〝得〟です！

人口減少の問題は看過できない。

〇と×は何が違うの？

どのような状況であってもダメということが伝わるかどうか

解説 〇の例は、厳密に見ても、大目に見てもダメという場合に使います。「放置するべきでない」「何か対策をするべき」という事態に対している時に適した表現です。一方、×の例は、どのくらいの範囲でダメかわかりません。つまり見逃せなさが言葉を使う人によって変わってしまいます。

5

忌憚《きたん》のない意見《いけん》

遠慮のない、正直な意見

×

その言葉づかいでは〝損〟をします！

何か意見をいただけますでしょうか。

○

このように言い換えた方が〝得〟です！

ご忌憚のない意見をいただけますでしょうか。

○と×は何が違うの？

正直な心情を伝えられるかどうか

解説 ○の例は、相手に向けた言葉で遠慮や躊躇など、さまざまな気遣いをしないで、正直に、という表現です。言いにくい主張や感想を、立場を気にせずに発言してもらう時に使う言葉です。×の例は、〝何か〟がどの程度を示しているか不明瞭です。

6

窮《きゅう》余《よ》の一《いっ》策《さく》

苦し紛れに思いついた策

× その言葉づかいでは〝損〟をします！

あの時は、わけもわからず決めてしまいました。

○ このように言い換えた方が〝得〟です！

あの時は、窮余の一策として決議しました。

○と×は何が違うの？

ベストではない策であると自覚しているかどうか

解説　○の例は、苦し紛れの最後の策、最善でない策という自覚があることが伝わります。追いつめられて困ったあげく、苦しまぎれに思いついたニュアンスが含まれています。×の例は、自分が「苦し紛れ」であることさえ自覚がないかもしれません。

7

付《つ》け焼《や》き刃《ば》

その場しのぎのために、一時的に知識などを得ること

×

その言葉づかいでは〝損〟をします！

思いつきでやってしまった。

○

このように言い換えた方が〝得〟です！

付け焼き刃でやってしまった。

○と×は何が違うの？

一時しのぎであるという自覚があるかどうか

解説　○の例は、形だけ整えて行ったという表現で、一時しのぎでやるという意味です。事前に準備などをしっかり行ったというニュアンスではなく、やや否定的な表現になります。一方、×の例は、一時しのぎであるという自覚があまりないです。

8

上《じょう》意《い》下《か》達《たつ》

組織や団体において、上位・上層の命令や言辞を下位・下層へと伝えて、意思の疎通を図ること

× その言葉づかいでは"損"をします！

プロジェクトは、上からの指示で進めます。

〇 このように言い換えた方が"得"です！

プロジェクトは上意下達で進めます。

〇と×は何が違うの？

指示系統が明確になっていることが伝わるかどうか

解説 〇の例は、組織において上からの指示系統が明らかにあることを表現しています。また「上層部の意見を組織の中で徹底させる」という表現にもなります。一方、×の例は、ふわっとしていて、上とは、一体誰のことを示しているのかわかりづらく、曖昧です。

9

折《せっ》衷《ちゅう》案《あん》

二つ以上の案をとり合わせて、一つにまとめた案。相反する案の中ほどをとって、折り合いをつけた案

× その言葉づかいでは〝損〟をします！

折り合わない場合にはウィンウィンになるようにする。

〇 このように言い換えた方が〝得〟です！

折り合わない場合には折衷案を採用する。

〇と×は何が違うの？

相手へ慮っている気持ちがあるかどうか

解説 〇の例は、お互い引くところは引くという、相手の立場に対する慮りがあり、丁寧な感じがします。一方、×は、英語の意味からして、両者は妥協せず、合意点を見つけるのは容易ではないというニュアンスがあります。

10

齟《そ》齬《ご》

意見や事柄が、食い違って、合わないこと。食い違い

×

その言葉づかいでは〝損〟をします！

食い違いがあってはいけないので、文書を送ります。

○

このように言い換えた方が〝得〟です！

齟齬があってはいけないので、文書を送ります。

○と×は何が違うの？

事前にお互い、プランや予定があるかないか

解説 ○の例の「齟齬」は、お互いにプラン・予定があって、自分の予想と相手の予想が結果的に違ったというニュアンスがあります。自分が意図したことと違うという意味です。一方、×の例の「食い違い」は、プラン・予定は特にないが、最終着地点が見つけられなかった、合意点が一致しなかったという意味になります。

11

布《ふ》石《せき》を打《う》つ

展開を予想して先回りした手を打つことから、将来に起こることを予想して準備しておくこと

✕ その言葉づかいでは“損”をします！

会社の3年先を見越して準備をした。

○ このように言い換えた方が“得”です！

会社の3年先を見越して布石を打った。

○と✕は何が違うの？

全体の大きな流れを把握しているかどうか

解説 ○は、全部の流れを把握して条件を整えておくことで、そこには全体のストーリーがあります。一方、✕の例は、単なるやることリストがあってそれに基づいて、次の一手の行動をとることです。**ちなみに混同しやすいのが「布石を打つ」と「伏線を張る」です。**「布石」は、将来に備えての準備に対して「伏線」は、後に起こることをほのめかすということです。

12

俯《ふ》瞰《かん》する

高いところから見下ろし、全体を見ること。広い視野でものごとを見ること

× その言葉づかいでは〝損〟をします！

歴史を学び、物事を注意深く見る力を高める。

〇 このように言い換えた方が〝得〟です！

歴史を学び、物事を俯瞰する力を高める。

〇と×は何が違うの？

全体像をつかんでいるかどうか

解説 〇の例は、全体を見て、それを整理する大きな動き、長い期間の中で視野を広く保つことです。「大局的な視野に立つ」「客観的に全体像をとらえる」という意味の例えとして使われます。一方、×の例は、一般的に深くディテールを見るという意味しかありません。

13

分《ぶん》水《すい》嶺《れい》

物事の方向性が決まる分かれ目

×

その言葉づかいでは〝損〟をします！

あの時の先生との出会いが分かれ目だった。

○

このように言い換えた方が〝得〟です！

あの時の先生との出会いが分水嶺となった。

○と×は何が違うの？

大きな影響をもたらすターニングポイントかどうか

解説　○の例は、ちょっとした選択ではなく、ほかの選択肢では大きなゴールにはいけない、ほかは何をやってもダメという人生、仕事の大きな分かれ目のことです。一方、×の例は、単に原因と結果を表し、その条件のことを言っています。

14

反故《ほご》にされた

約束や決まりを取り消したり破ったりする、不要なものとして捨てる、無駄にする、という意味

✕ その言葉づかいでは〝損〟をします！

彼には約束を破られた。

○ このように言い換えた方が〝得〟です！

彼には約束を反故にされた。

◯と✕は何が違うの？

約束の価値がなくなったことを伝えられるかどうか

解説　「反故」には、「書き損なったりして不要になった紙」「役に立たなくなった物事」という意味があります。✕の例は、「約束が破られた」という事実のみを伝えていますが、◯の例では、約束が、（もう既に今の時点では）相手にとっては、「大切ではなくなった」「意味がなくなった」「価値がなくなった」という状況を表しています。

15

詮《せん》無《な》い話《はなし》

何かの問題に、手を打っても仕方がない状態

×

その言葉づかいでは〝損〟をします！

三年前のことを言っても、どうしようもない話だ。

○

このように言い換えた方が〝得〟です！

三年前のことを言っても、それは詮無い話だ。

○と×は何が違うの？

どうしようもないというニュアンスが伝わるかどうか

解説　○の「詮無い話」は、起こった問題などに対して、何か手を打っても打開策がない、報われることなく無駄である、という意味です。単に打つ手がないということではなく、「対処してみても、どうしようもない」という、投げやりなニュアンスを伴います。「手詰まりになっている」ことを伝えたい時に、×の例ではなく、この表現を使うとよいでしょう。

16

成《せい》功《こう》裏《り》

ミスがあったが成功した、運がよかったためうまく進んだことを表す

✕ その言葉づかいでは〝損〟をします！

今回のイベントは成功でした。

〇 このように言い換えた方が〝得〟です！

今回のイベントは成功裏に終わった。

〇と×は何が違うの？

完全ではないものの成功したニュアンスが伝わるかどうか

解説 〇の「成功裏」の「裏」という文字は、「物事の状況」「〜のうちに」という意味を表します。そして、「成功裏」には、「成功といってもいい」「まあまあ成功した」という曖昧さ含まれています。70〜80％目標を達成した、「成功といっても言い過ぎにならない許容範囲」になります。

17

一《いち》意《い》専《せん》心《しん》

ほかに心を動かされず、ひたすらひとつのことに心を集中すること

×

その言葉づかいでは〝損〟をします！

何事も集中して取り組まなければならない。

○

このように言い換えた方が〝得〟です！

何事も一意専心取り組まなければならない。

○と×は何が違うの？

ほかを排して、そのことに没頭しているかどうか

解説 ○の例は、心を惑わされず、ほかのことを考えずに、特化して専念すること、内なるものに自分が動かされる状態のことです。一方、×の例は、そのことだけやっていればよいという意味です。

エピソード

手前味噌ですが、私は若い頃、人前で話すコツのようなものを習得するためにまさに一意専心で取り組みました。

今はなかなか信じてもらえないのですが、20代の頃、私は口下手なこともあって営業で相手の方に対しても、伝えたい内容の1割も話すことができない、という有り様でした。人前で話すことは大の苦手、避けて通っていたのです。ですから、本心では営業の仕事などは絶対にやりたくありませんでした。

しかし、幸いにも営業を始めるとすぐに芽が出始め、あれよあれよという間に数千万円単位の契約まで取れるようになりました。そうこうしているうちに、あれほど苦手だった営業で「絶対に一番になりたい！」という意欲が高まりました。

そこからは、無我夢中で寝ても覚めても営業のスキルアップのために邁進しました。ありとあらゆる営業の書籍を読み込み、セミナーに通いつめる。はたまた、「営業トークの練習」と言っては、友人に営業トークを聞いてもらって、そのフィードバックをもらいました。さらには、話術を習得するために、喜劇王・藤山寛美の舞台に足繁く通い、落語や噺家のCDを何度も聞きました。ほかの楽しい誘惑には目もくれずに、とにかく一意専心でした。

実は、拙著『超一流の雑談力』の物語はここから始まっていたのです。

18

お役《やく》目《め》をいただく

公に役目をもらうという意味

×
その言葉づかいでは〝損〟をします！

担当を任される。

○
このように言い換えた方が〝得〟です！

お役目をいただく。

○と×は何が違うの？

本人が責任を自覚しているという前提があるか

解説　○の例は、当然自覚するべき、あなたも知っているという前提があり、そこには責任を伴う重みがあります。一方、×は、「上が決め、あなたがすることになりました」という意味で、必ずしも本人は自覚しているわけではなく、責任という重みもありません。

●使う頻度の高いビジネス用語

アジェンダ

会議の議題項目のリストであり、討議される順番で並んでいるもの。会議では、目的・情報を共有し効率よく進めるために用意する。

アテンド

付き添って世話すること、接待すること、介護をすること。なかでもビジネスシーンでは「付き添って、ガイドをする」ような場合に用いられる。

イシュー

課題、問題、論争点。ビジネスシーンでは「論じ、考えるべきテーマ」という意味で使われることが多い。イシューを明確にすることで「何をすべきか」が定まる。

イノベーション

意味は技術革新。特にビジネスでは、マンネリ=停滞と言われるように、常に新しい発想あるいは時代に適応した革新が必要となる。その場合に「イノベーティブな発想」「イノベーションを行う」などと表現する。

エビデンス

証拠・根拠、証言。特に根拠としてはデータ・科学的な根拠を示すこと。エビデンスがない意見は主観的な意見として扱われるため、多くのビジネスシーンではエビデンスを伴った意見を述べることが必要になる。

コミットメント

英語で「かかわり合い」の意味を持つコミットメントは、「誓約」「公約」または「達成目標」という意味でビジネスでは使われている。

LGBT

LGBTとは、Lesbian（レズビアン、女性同性愛者）、Gay（ゲイ、男性同性愛者）、Bisexual（バイセクシュアル、両性愛者）、Transgender（トランスジェンダー、性別越境者）の頭文字をとった単語。セクシュアル・マイノリティ（性的少数者）の総称のひとつとしてLGBTフレンドリーと表現する。

コンプライアンス

法令遵守という意味で、企業においては定められた法令や規則に従って経営を行う、ということ。近年この言葉がよく使われるようになったのは、企業の行き過ぎた利益追求や売り上げ増大が問題になったからであろう。

ステークホルダー

企業などの組織が活動を行うことで影響を受ける利害関係者を指す。例としては、株主・経営者・従業員・顧客・取引先などが挙げられる。

テレワーク

通信機器などを活用し、時間や場所の制約を受けずに在宅勤務などで柔軟に働くことができる形態のこと。近年、家庭の事情（子育て、介護など）でテレワークを希望し、対応する企業も増えてきている。日本では、2020年4月の新型コロナウイルス感染拡大を受けた緊急事態宣言の発出により、テレワーク化が進んだ。

ブルーオーシャン　レッドオーシャン

競合が少ない故に競争が少ない市場＝ブルーオーシャンと競合が多い故に競争が激しい市場＝レッドオーシャンという意味。マーケティングで使われる言葉。ビジネスではなるべくブルーオーシャンを探すことが有利になる。

ダイバーシティ

「多様性」のことで、性別、人種、年齢、学歴、思想などに関係なく、多用な人材を活用するという、マネジメントにおける考え方。もとは1990年代のアメリカで、マイノリティや女性を差別せず、積極的に採用するという動きから始まった。「ダイバーシティ経営」「ダイバーシティ推進」などと用いる。

プロパー

主にその企業が直接採用した社員や、新卒でその企業に入社した社員、生え抜きの社員などのことを指す。協力会社、外部からの派遣社員などと区別していう。

マター

「〜の担当」「〜の責任」という意味。ビジネスでは特に役職とともに使われることも多く「社長マター」「部長マター」などと使う。

ペンディング

特に期限はなく延期している状態のこと。時に膠着状態や停滞状態、正式に中止にはなっていないが事実上中止になっている場合にも使うことがある。

リスクヘッジ

起こりうるリスクの程度を予測して、リスクに対応できる体制を取って備えること。例えばプロジェクトに関しては、万が一の場合を考えて手を打っておく、ということ。

第 8 章

これだけは
覚えておきたい
「ことわざ」「故事成語」

1

阿《あ》吽《うん》の呼《こ》吸《きゅう》

二人以上の人が何かをする時の、微妙な気持ちや調子。また、それがぴたりと合うこと

例 秘書と目を合わせただけで見たい資料を持ってきてくれた。これこそまさに阿吽の呼吸である。

解説 お互いに価値観・経験などを共通に持ち、言葉を介さないで伝わる関係を第三者に説明する時に使います。阿吽の呼吸ができるようになるためには、長い期間をかけての関係性が必要です。

2

青《あお》は藍《あい》より出《い》でて藍《あい》より青《あお》し

弟子が師匠の学識や技量を越えることの例え

例 先生のところで学んでいた、デザイナーの秋山くんは、今年デザイン賞を取ったらしいね。青は藍より出でて藍より青しとはこのことですね。

解説 何かより志を高くすれば、それを超えられるという意味です。反対に、言い訳をして、自分で「こんなものだ」と言い聞かせてしまうと成長を自分で止めてしまうことになるので、もったいないです。

3

案《あん》ずるより産《う》むがやすし

初めてのことや新しいことを始める前は心配をするが、実際に行ってみると、意外とたやすくできる

例 まあ、とにかく始めの一歩を踏み出そう、案ずるより産むがやすしだから。

解説 私たちは往々にして頭でっかちになりがちです。仮説を立てても体験にはかないません。まず行動ありき、失敗してもクリアしていくこと。「行動も失敗しないで人生終えてどうするのか？」と私は思います。

4

衣《い》食《しょく》足《た》りて礼《れい》節《せつ》を知《し》る

生活に事欠かなくなって人は初めて礼儀に心を向ける余裕ができること

例 ボランティア活動したいのですが、もう少し仕事でちゃんと稼げるようになってからでないと。衣食足りて礼節を知るってことですよ。

解説 マズローの欲求5段階説のとおり、まずは生理的欲求から満たしていかないと次の段階に進めません。とにかく与えられた仕事に一生懸命取り組んで食べていけるようになり、人から評価されることに若いうちに取り組みましょう。

5

一言居士《いちげんこじ》

何事にも、自分の意見をひとつ言わないと、気のすまない人

例 課長は一言居士な性格から、いつも誰かとぶつかっている。

解説 発言は、内容があってこそするものです。そんな条件を満たさないで、思いつきで言う人を揶揄していう四字熟語です。

6

牛《うし》に惹《ひ》かれて善光寺《ぜんこうじ》参《まい》り

思ってもいなかったことや他人の誘いによって、よいほうに導かれることの例え

例 自分に自信があったとしても、たまには「牛に惹かれて善光寺参り」で、他人に委ねてみるのもいいかもしれない。

解説 人生や仕事は、何もかもが思いどおりになるようなものではないと思います。固定観念にとらわれることなく、常に新たな世界を探るようにすると、思わぬ成功を手に入れることができます。

7

開《かい》闢《びゃく》以《い》来《らい》

天と地ができて以来、有史以来

例 あの国で油田を掘り当てるとは、開闢以来の出来事だ。

解説 「一大事」という意味では強めの比喩が効きます。最上級の大ごとと言えるでしょう。例文ならば、とうてい油田など掘り当てられないような国で、発掘ができた場合に、この表現がぴったりと合います。

8

氏《うじ》より育《そだ》ち

人間を形成する時に大事なのは、家柄よりも教育や環境であるということ

例 新卒の時にはパッとしなかったけど、彼女はあの仕事についてどんどん成長しました。氏より育ちって本当ですね。

解説 「環境が人を育てる」ということが、往々にしてあります。素晴らしい大学を出たとしても、その後どこで働くか、誰と出会うかによって、人生・価値観は左右されます。

9

同《おな》じ穴《あな》の狢《むじな》

一見すると違ってみえても、同類・仲間であることの例え

例 長いこと気づかなかったけれど、彼らは結局、同じ穴の狢ですね。

解説 表面的には気づかず、同じように思わなかったが、よく検証してみると同じ種類であったということです。

10

温《おん》故《こ》知《ち》新《しん》

以前学んだことや、昔の事柄を今また調べ直したり考え直したりして、新たに大切な道理や知識を探り当てること

例 ビジネスを成功させるためには、温故知新が大事。両方のバランスを取らないといけない。

解説 私たちにとって、「知新」は、情報がどんどん入ってきて吸収できていくのに対し、「温故」のほうは努力が必要ではないかと感じます。なぜなら先達に能動的に学び、発見していく必要があるからです。

11

隗《かい》より始《はじ》めよ

遠大な計画も、まず手近なところから着手しなさいということ

例 今回の案件、まずは数年分のデータを解析することから始めよう。まずは隗より始めよと言うように。

解説 みんなが先走って、あれこれ言う時に「やれるところから始めよう」といさめるのに用いると共感を得られることでしょう。

12

臥《が》薪《しん》嘗《しょう》胆《たん》

仇をはらしたり、目的を成し遂げたりするために、艱難辛苦を経ること

例 希望の部署に行けず、先輩にもいじめられて辛いけれど、今は臥薪嘗胆。次の異動で希望が叶うよう頑張るのみだ。

解説 悔しい思いからのし上がっていく、というモチベーションは、最大のエネルギーとなることが少なくありません。失敗を恐れずに、エネルギーにしていく人が上に行けるのです。

13

渇《かっ》しても盗泉《とうせん》の水《みず》を飲《の》まず

いくら苦しく困っていても、少しでも不正、不義に汚れることを嫌い身を慎むこと

例 あの時は資金繰りに困り、本当に辛かったが、渇しても盗泉の水を飲まずと言うように悪事に手を染めるのではなく厳しい時を頑張って乗り越えられてよかった。

解説 自分を律することの大切さを意味しています。「我慢」よりも圧倒的なパワーを持っている言葉であると思います。

14

禍福《かふく》は糾《あざな》える縄《なわ》のごとし

災いが福になり、福が災いのものになったりして、この世の幸不幸は縄をより合わせたように表裏をなすものであること

例 1回失敗したくらいで、そんなに悲観的にならないで！ 禍福は糾える縄のごとし、次はきっとうまくいくよ。

解説 私も会社経営をしていると、いいことがあれば、その10倍、悪いことがあると腹をくくっています。だからこそ、絶望に陥ったり、慢心したりしなくなりました。心底実感していることわざです。

15

画竜点睛《がりょうてんせい》を欠《か》く

最後にほんのわずかな、しかし大切な部分を忘れること。肝心なところが抜けていること

例 その資料は、途中まで非常にわかりやすく書けていたが、肝心な集計部分にミスがあり画竜点睛を欠いたものとなってしまった

解説 やるぞ！ と決めたら、とことん実践することです。ツメが甘いのはダメ。「いいところまできているのに、惜しい」と言われてしまうのはもったいないことです。

16

肝胆相照《かんたんあいて》らす

お互いに心の底を打ち明けて話し合い、深い心のこもった交際をすること

例 お互いいろいろあったが、彼とは肝胆相照らすような仲です。

解説 お互いにいいところも悪いところも知っている間柄で、特に悪い状況の時に助け合う経験がないと、このことわざを実感することは難しいかもしれません。そのような人間関係を少しずつ、築けるとよいでしょう。

17

鶏《けい》口《こう》牛《ぎゅう》後《ご》

大きな集団や組織の末端にいるより、小さくてもよいから長となって重んじられるほうがよいということ

例 鶏口牛後、私はベンチャーで頑張ります。

解説 現在では、牛後、つまり大きな組織であっても安泰ではなくなってきています。また、鶏口もそう簡単にはいきません。人の上に立つには全体を見渡す力がないとダメで、相応の実力をつけなければいけません。

18

巧《こう》言《げん》令《れい》色《しょく》鮮《すくな》し仁《じん》

言葉巧みで表情を取り繕っている人は、かえって人の心が欠けているものだということ。転じて言葉巧みな人には気をつけなさいという意味

例 なにか、あの営業マンの話を聞いて怪しいと感じた。まさに巧言令色鮮し仁だ。

解説 プレゼンテーションや営業トークがうまい人はとても魅力的ですが、そのうまさと胡散臭さは紙一重であることもあります。口のうまさだけが全てではない、そんな価値観も感じさせることわざです。

19

呉《ご》越《えつ》同《どう》舟《しゅう》

仲の悪い者同士
また、敵味方が同じ場所に居合わせること

例 先日の研修では、菅野部長と小山田部長が同じグループにいて、気まずかったなあ、まさに呉越同舟だね。

解説 組織内で派閥をつくったりすることがありますが、利害があった時には敵が味方になることもあるのです。ですから、もっと大きな視点で人のあり方を考え、立ち居振る舞いをしなければならないと言えます。

20

紺《こう》屋《や》の白《しろ》袴《ばかま》

他人のためにばかり働いて、自分のことに手が回らないこと。また、いつでもできると思い、何もしないでいることの例え

例 仕事では経理をやっているのに、自分の家計の管理は全然ダメ。これって紺屋の白袴ですね。

解説 特に仕事は足元を見据えて、一歩一歩、着実に進めていかなければなりません。また、自分自身に対する客観性も大切です。

21

去《さ》る者《もの》は日々《ひび》に疎《うと》し

死んだ者は、月日がたつにつれて忘れられていく。転じて、親しかった者も、遠く離れてしまうと、次第に親しみが薄くなる

例 あの頃は毎日顔を合わせていたのに、今はすっかりご無沙汰しているな。去る者は日々に疎しとはこのことだ。

解説 あんなに夢中だったのに、距離を置いてしまうと人の気持ちというものは冷めるもの。疎くならないためには、気を抜かずにコミュニケーションしていないとダメということでしょう。

22

敷居《しきい》が高《たか》い

不義理・不面目なことなどがあって、その人のもとに行きにくい

例 あの時にはこちらの失敗でえらい迷惑をかけてしまったから、彼に会いにいくのはちょっと敷居が高い。

解説 人に対して後ろめたい気持ちがあると、敷居は同じでもものすごく高く感じる、そのような気持ちを表しています。

23

獅《し》子《し》身《しん》中《ちゅう》の虫《むし》

味方でありながら、内部から災いをもたらす者や恩を仇で返す者の例え

例 今回の新商品の情報は内部から漏れたらしい。これは獅子身中の虫だ。

解説 どんなに好ましい人でも、対外的によからぬことを言うのであれば、許すことはできません。そんな感情も含まれたことわざです。

24

親《した》しき仲《なか》にも礼《れい》儀《ぎ》あり

どんなに親密な間柄であっても、守るべき礼儀があるということ

例 彼の最近の不遜な態度には腹が立ってしまうな。親しき仲にも礼儀ありだよ。

解説 そもそも親しいことと礼儀をわきまえることは相反します。しかし、これらを両立することでお互いの関係性を長続きさせることができるのでしょう。

25

朱《しゅ》に交《まじ》われば赤《あか》くなる

人は付き合う人のよし悪しによって善悪どちらにも感化されるものだ、という意味

例 もともとは志が高い人だったのだけれど、朱に交われば赤くなる、で今はそんな思いのかけらもなくなってしまった。

解説 人は環境が大切。実際には、どちらかというとネガティブな意味で使われます。気づかないうちに自分も染まっているということです。

26

千《せん》載《ざい》一《いち》遇《ぐう》

千年に一度思いがけず訪れるほど、二度とないようなよい機会のこと

例 あの会社はあの千載一遇のチャンスをつかみ取って、一気に全国一位になった。

解説 ありえないチャンスに合った時を表す言葉。時流に合った、自分の人生でもまたとないチャンスのことです。そのために日々地道にチャンスをつかむ準備をしておくことが大切なのだと思います。

27

栴檀《せんだん》は双葉《ふたば》より芳《かんば》し

白檀は発芽の頃から香気を放つ。大成する人は幼少の時から優れているという例え

例　彼の並外れた才能を見ると、栴檀は双葉より芳しという言葉のとおりだと実感する。

解説　生まれながらの才能にあらがうことはできない、ということわざです。有無を言わせない強い表現になります。

28

天網恢々疎《てんもうかいかいそ》にしてもらさず

天の張る網は、広くて一見目が粗いようであるが、悪人を網の目からもらすことはない。悪事を行えば必ず捕らえられ、天罰をこうむる

例　彼はあれほどの地位であったのに、悪事に手を染めてしまって、人生を台無しにしてしまった。「天網恢々疎にしてもらさず」とは、よく言ったものだ。

解説　ちょっとしたズルでもバレなかった場合、そのことによって一時的な幸運はあるかもしれません。しかし、長期的な幸運は得られないのが世の常です。

29

戦《たたか》わずして勝《か》つ

戦って被害を出しながら勝つよりも、直接的な被害を出さず、消耗も一切ない状態で勝つことが最善である

例 この業界ではナンバーワンになるつもりで頑張ります。そして、競合とも戦わずして勝つ存在になります！

解説　戦うということは優秀な解決法ではないといえます。戦わずして勝つためには相手側が勝手に諦めるくらいの実力を持つことが大事ということでしょう。

30

同《どう》病《びょう》相《あい》憐《あわ》れむ

同じ病気、同じ悩みや苦しみをもつ人は互いにいたわり合い、同情し合う。

例 私は初めて、同病相憐れむような同僚と出会った。

解説　ひとつの目標に向かって努力をしていると、同じような立場で前へ進もうとして努力を重ねている人の存在に気づくことが往々にしてあります。「戦友」というと大げさかもしれませんが、そのような前向きな人に出会えるように、日々、精進したいものです。

31

遠《とお》い親《しん》戚《せき》より近《ちか》くの他《た》人《にん》

いざという時に頼りになるのは、遠く離れて暮らす親類ではなくて、近所に住んでいる他人のほうだということ

例 災害で困った時こそ、遠い親戚より近くの他人だ。

解説 当事者にならないと、あるいは本当に体験しないと人はわからないものです。言葉では本当のことはなかなか通じない、ともいえます。

32

泣《な》いて馬《ば》謖《しょく》を斬《き》る

全体の規律を保つために、愛するものでもやむをえず処罰することの例え

例 あのような形で部下に裏切られたら泣いて馬謖を斬るしかないか……。

解説 どんなに有能であっても、これは絶対にダメだということがあれば関わりを断つことも時には必要です。特に経営者はそんな経験をすることがあります。そんな断腸の思いを表しています。

33

喉元《のどもと》過《す》ぎれば熱《あつ》さ忘《わす》れる

苦しい経験も、過ぎ去ってしまえばその苦しさを忘れてしまう。苦しい時に助けてもらっても、楽になってしまえばその恩義を忘れてしまう

例 あの失敗から学ばないといけないですよね。喉元過ぎれば熱さ忘れるではいけないこともあります。

解説 人は忘れるものですし、時にはそれも大事なことだけれども、心して忘れてはいけないこともあります。失敗は、今後、繰り返さないよう、成長の糧とすることが大切です。

34

ミイラ取《と》りがミイラになる

ミイラ取りがミイラになるとは、人を連れ戻しに行った者が、その目的を果たさずに留まって帰ってこなくなること。また、人を説得しようとした者が、逆に相手に説得されてしまうことの例え。

例 彼らを説得しに行って、結局自分も仲間になってしまっている、ミイラ取りがミイラになったってことだね

解説 結局、自分の意見というものは、完全なものではない。人に感化されて、変わってしまうということでしょう。そうならないためには、大きな視点でそのことを議論しないと、細かいことに惑わされてしまいます。

35

物《もの》言《い》えば唇《くちびる》寒《さむ》し秋《あき》の風《かぜ》

余計なことを言うと災いを招く。人の悪口を言えば、後味の悪い思いをする

例 先日は彼に言いすぎてしまった……。物言えば唇寒し秋の風とはこのことだ。

解説 松尾芭蕉の俳句で、口を開くと秋の冷たい風が唇に触れて、寒々とした気分になることから、悪口を言った後の後味の悪さを表したことわざです。なかなか難しいことですが、後悔することのないよう、人の悪口は言わないように心がけたいものです。

36

寄《よ》らば大《たい》樹《じゅ》の陰《かげ》

頼るならば、権力のあるものに頼ったほうがよい。大きくて力のあるものに頼るほうが、安心できて得もするという例え

例 これからの時代、寄らば大樹の陰という考え方は通用しなくなる。

解説 震災や災害、新型コロナウイルスの感染拡大など、世の中は常に大きく揺れ動いていています。これまでは大きな組織に所属していれば安泰だったのかもしれませんが、これからは自らの力で生き抜いていくことが、より重要になるはずです。

37

李下《りか》に冠《かんむり》を正《ただ》さず

自分の行動は常に用心深くし、疑われるようなことをしてはならない

例 李下に冠を正さず、誤解を招くような言動は慎まなければならない。

解説 人と人が社会で生きていく中で、〝信用〟はとても大切です。相手から信頼を得るためには、人から疑われたり嫌われたりするようなことや、誤解を生むことを避けるように心がけるとよいでしょう。

38

類《るい》は友《とも》を呼《よ》ぶ

気の合う者や似通った者同士は、自然に寄り集まって仲間をつくる

例 起業家の知人が増えて、類は友を呼ぶことになった。

解説 人を成長させるには、本人の資質や努力もさることながら、どのような環境に属しているか、ということが大きなポイントになります。自ら、進んで学び、努力を厭わなければ、同じような考えの人と親しくなり、より成長することができるでしょう。

著者プロフィール

安田 正

やすだ・ただし

株式会社パンネーションズ・コンサルティング・グループ代表取締役
早稲田大学グローバルエデュケーションセンター客員教授

1990年に、法人向け研修会社パンネーションズを設立。対人対応トレーニング、交渉術、ロジカルコミュニケーション、プレゼンテーションなどのビジネスコミュニケーションの領域で、官公庁、上場企業を中心に1700の団体での講師、コンサルタントとして指導実績を持つ。

また、早稲田大学グローバルエデュケーションセンター客員教授のほか、東京大学、京都大学、一橋大学などでも教鞭をとる。

対人コミュニケーションのエキスパートとして、あらゆる仕事・人間関係において、「コミュニケーションが円滑にとれ」「成果と評価を得る」ために、最も必要な「言葉の力」＝語彙力＝を、体系的かつ実践的にまとめたのが本書である。

著書に、累計87万部を超える大ベストセラー『超一流の雑談力』（文響社）シリーズのほか、『英語は「インド式」で学べ!』（ダイヤモンド社）『一流社員が実践している仕事の哲学』（クロスメディア・パブリッシング）『できる人は必ず持っている一流の気くばり力』（三笠書房）などがある。

安田 正 オフィシャルファンサイト
安田正.com　http://yasudatadashi.com/

超一流
できる大人の語彙力

2020年7月3日　第1刷発行

著者　安田 正

発行者　長坂嘉昭
発行所　株式会社プレジデント社
〒102-8641　東京都千代田区平河町2-16-1
https://www.president.co.jp/
電話　編集　03(3237)3732
　　　販売　03(3237)3731

編集協力　上原千友

装幀　仲光寛城(ナカミツデザイン)
編集　岡本秀一
制作　佐藤隆司(凸版印刷)
販売　桂木栄一、高橋 徹、川井田美景、
森田 巌、末吉秀樹、神田泰宏、花坂 稔
印刷・製本　凸版印刷株式会社

ISBN 978-4-8334-2373-1
Printed in Japan